Chance

思い描いた理想をすべて手に入れる生き方

Ayumi Doi
土井あゆみ

きずな出版

Prologue ――

こんなことを考えたことは、ありますか？

「もしも生まれ変わったら、もう一度、今回の人生を送りたいだろうか……？」

私がこれを強く意識したのは、社会人2年目、過労で倒れて、病院のベッドの上で点滴を受けているときでした。

いままでも、自分なりには努力をしてきたつもりでした。

それなのに「もう一度、今回の人生を送りたいか？」という問いには、自信を持って答えることができませんでした。

私いい加減、本気で自分の人生に向き合う必要がある。そう思い至った瞬間から、私の人生は変化しはじめました。

私は、22歳で会社員として社会に出ると同時に上京し、24歳で恩師に出会って経営者になる決心をし、そこから半年で独立。本書を執筆中の現在は38歳で、夫とともに娘の子育てをしながら、会社経営をしています。ベンチャー企業のスタートアップ支援や若手経営者の育成、そしてゲストで呼んでいただいた際には講演をすることもあります。

ありがたいことに、働く時間も場所も自由に選べるようになったので、日本全国や海外を行き来したり、滞在先のラグジュアリーな空間で心地よく仕事をしたりもしています。子育てに十分な時間を使うこともできていますし、女手ひとつで育ててくれた母に「もうやりきった！」と言えるほどの親孝行もできるようになりました。

自分の人生は自分で舵を取る

いまでは多くの女性から仕事・恋愛・家庭についてなど、さまざまな相談を受けることがあるのですが、このようにお答えすることがよくあります。

「だったら、あなたが経営者になったらいいと思うよ」

たとえば、このような相談がありました。

友人のともみちゃんは、メーカーの事務職。

「お母さんも専業主婦だったから、私も専業主婦になるつもりで、いまの仕事はあまり深く考えずに選んだんです。でも、まわりが結婚しはじめて、専業主婦になっている人ってあまりいなくない？　と思って……。女の子は結婚して家庭に入って、子どもを産むのが普通の幸せだと思っていたんですけど、思ったとおりにいくのかな、って不安になってきました」

また、別の機会にも相談を受けました。

みほちゃんは名門大学の大学院を出て大手企業に就職し、仕事に邁進《まいしん》しています。

「仕事が大好きで、毎日終電まで仕事をしています。土日だって出社することもあるけど、出世するためには必要なことだと思っているんです。

仕事はとてもやりがいがあります。でも、こんな状態で、結婚とか出産はあきらめたほうがいいのかなって気がして……」

はるなちゃんは料理教室や英会話、ヨガなどの趣味がたくさんあるタイプ。

「やっぱり自分磨きは大事だと思って、仕事終わりには習いごととかジムとか、いろんな予定を入れています。自分のためにお金を使いたいし、通勤できない距離でもないから実家に住んでいます。できれば好きなことを仕事にしたいんですけど、どれもいまいちピンとこないんですよね……」

ゆかちゃんは海外が大好きで、語学を活かして仕事がしたいと考えている様子。

「やっぱり海外に行きたい！　海外で働くほうが刺激的で私には合っていると思うんですよね。国は決めていないんですけど、少なくとも、いまのまま日本にいたらダメな気がして。ワーホリ（ワーキングホリデー）に行くか留学するかと思っているので、ひとまず貯金したほうがいいかなぁと思っています」

りえちゃんは学生時代から経済学部で、ビジネスコンテストなどにも参加してきて、ゆくゆくは自分のビジネスを立ち上げるのが夢です。

「去年、半年間で50万円くらいする起業セミナーにも参加しました。たくさんビジネスモデルを考えたんですが、結局、そのセミナー受講者からは誰も実際には起業しなかったんです。もう少し準備をして、せめて30歳までには、と思うんですが……」

また、相談ではないですが、こういう話を聞くこともあります。
ゆみこちゃんは大学卒業後、就職。

「まわりがみんな就職したので、私も一番最初に内定が出たところに就職しました。休みの日は彼氏と遊んだり、友だちと遊んだりしています。将来？　とくにやりたいこともないし、聞かれても……」

私も、24歳で恩師に出会うまでは、彼女たちと同じように、自分なりには努力をしてきたつもりでした。

ただ、どこか「本当にこのままで大丈夫かな？」「何かを手に入れたら何かをあきらめないといけないのかな？」という思いがあったり、自分のなかで「これだ！」というものが見つかっていなかったので、夢や将来について、正直あまり自信を持てていませんでした。


「だったら、あなたが経営者になったらいいと思うよ」

この言葉は、私が恩師に初めて出会ったときに言われた言葉です。

もしかしたら「経営者」という言葉だけを聞くと、自分とは関係ないもののように聞こえたりするかもしれませんが、私は恩師から**「自分の人生の舵取りは自分でするものだから、誰もが〝自分の人生の経営者〟だよ」**と教わりました。

それからというもの、せっかく一度きりの人生を経営していくのであれば、「自分にとって本当の理想は何なのか？」を真剣に考えることに決めたのです。

今日に至るまでには、うまくいったこともいかなかったことも経験してきましたが、いまは「もしも生まれ変わっても、もう一度今回の人生を送りたい！」と、自信を持って言うことができます。

「人生は、本気で変えると決めたところから、いくらでも変化させることができる」と、自分の経験を通じて確信しています。だから、私の経験が少しでもお役に立てばと思い、筆を執《と》りました。

あなたも、何かのご縁でこの本を手にし、せっかくの貴重な時間を使って読んでくださるのであれば、ぜひご自身のこれからの人生と向き合い「本当はどうなりたいのか？」を考えながら読んでいただきたいと思います。

本書をきっかけに、自分の人生を努力で切り拓き、理想の将来を手に入れる方がひとりでも多く増えることを願っています。

Contents

思い描いた理想をすべて手に入れる生き方

Contents

Chapter 4

理想をすべて叶える女性が大事にしているお金の使い方

Chapter 5

仕事も恋もうまくいく女性の人との関わり方

Chapter 6

後悔しない女性の考え方・価値観

Chapter 0

私の人生、こんなもんじゃない！

あなたの現状は「悪くない」か「ベスト」か、どっち？

あなたのいまの状態は、学生時代にイメージしたとおりのライフスタイルになっていますか？「こうなっているだろうな」と思っていたベストの状態ですか？

それとも「思っていた状態とは違うけれど、みんなこんなものだし、仕方ないよね」と思っていますか？

「ベストであること」と「悪くないこと」は、同じではありません。

私は、新卒で会社員になったとき、思い描いていたイメージとは違っていました。

東京に上京したら、月9ドラマの主人公のように素敵な部屋に住んで、お気に入りのインテリアを並べたり、毎日のように恋人や友人とおしゃれなディナーを食べて過ごしたりするものだと思っていました。

でも実際には、思った以上にお金がなく、質素なアパート暮らし。インテリアにお金をかけるほどの余裕はないし、おしゃれなディナーを食べに行くために節約して、月に数回やっと行ける程度。

「まわりも我慢しているし、決して悪い状態ではないけれど、こんなもんだっけ……？」と、理想と現実とのギャップにモヤモヤしていました。


同じように、「大人になる」ことも、子どものころに描いていたイメージと少し違っていたように思います。

小中学生のころは、20歳ですらかなり大人のイメージでしたが、実際に社会人になったとき、思った以上に何もなく「こんな感じだったんだ」と、ふと思いました。


あなたの現状は「悪くない」ですか？

それとも「ベスト」ですか？

ここから先の未来にワクワクしていますか？


私は新卒で第一志望の会社に入り、まわりは仕事のできる方ばかりで、上司にも先輩にも恵まれていました。成長できるし、環境的には悪くはない。ただ、このままの人生がベストとは思えていませんでした。

そう感じていた24歳、社会人2年目に入ったころに、縁あって恩師に出会い、どうせなら一度きりの人生、思いっきりチャレンジしてみようと決めました。

いまとなっては「この人生をもう一度生きたい」と思えるほどベストな状態だと断言できます。

そして、この結果をつくった要因の第一歩が、現状に向き合ったことなのです。

「ベストではないのなら、本当はどうなりたいのか?」

正直にこの問いに向き合うことから、すべてがはじまりました。あなたも、本書を通して一緒に考えてみましょう。

Point

「ベストであること」と「悪くないこと」は違う

ワーク

いまの人生は「ベスト」なのか？具体的に書き出してみましょう。

いまの人生について…

・100%、心の底から満足していることは？

・ベストではないけど、これでもいいかなと思っていることは？

・これは絶対に嫌だ！変えたい！と思っていることは？

「誰かが助けてくれる……」とはならない現実

24歳の当時、「私の人生、なんとかなるから大丈夫！」と思っていました。

「安定した会社にいれば、守ってもらえるし、なんとかなる！」
「資格があれば、食いっぱぐれることはないから大丈夫！」
「結婚すれば、旦那さんの稼ぎもあるし、なんとかなる！」
「実家にいれば、あまり稼ぎがなくても生きていける！」

自分なら何があっても乗り越えられると思えるのは、とてもいいことです。

ただし、「なんとかなる」「まあ大丈夫」と思っている理由に「誰かが助けてくれるだろう」という考えが含まれている場合は、危険です。

こんな話を聞いたことがあるでしょうか?

日本における会社の寿命は、平均で23・9年(2018年時点 ※1)。

経済誌「フォーチュン」が毎年選出する世界の大企業500社の寿命は、1975年時点では75年だったが、いまでは15年になっている。また2000年に選出された企業500社のうち半分がすでに存在しない(2018年時点 ※2)。

つまり、会社員として働き続ける場合、たとえば23歳~65歳の間に少なくとも2回は、自分のいる会社がなくなるのが平均的なのです。こんなデータもあります。

労働人口の49%は人工知能やロボットで代替可能(2015年時点 ※3)。

自分の仕事がこれから先もずっと必要とされるかどうかは、わかりません。

日本人の平均世帯年収は551・6万円で、400万円未満で暮らす世帯は47・2%を占める（2018年時点　※4）。

女性の平均給与は、男性に比べて月収で約9万円、年収で約107万円低い（2017年時点　※5）。

10世帯中4・7世帯は、年収400万円未満で暮らしています。また女性のほうが年収が低くなってしまっている現状があります。

世界153か国を対象とするジェンダー格差が少ない国のランキングでは、日本は121位。先進国のなかで圧倒的最下位（2019年時点　※6）。

世界のなかで見ると、日本はとくにジェンダー格差が大きい国です。

結婚した3組のうち1組は離婚すると言われている（2018年時点　※7）。

母子世帯の平均年間就労収入は、父子世帯の約半分の年間181万円しかない（2011年時点　※8）。

結婚後に離婚する可能性は少なくありません。離婚後に困るのは大抵女性です。

先進国において、いま20歳の人の半数は100歳以上、40歳以上の人の半数は95歳以上まで生きる。日本では2007年に生まれた子どもの半数が107歳まで生きる（2016年時点　※9）。

いま、定年は65歳となっている場合が多いですが、自分は定年後35年以上、親も定年後30年以上生きる可能性があります。

東京都においては、75歳以上の3人に1人、85歳以上の2人に1人、90歳以上の4人に3人は要介護（要支援）となっている（2017年時点　※10）。

東京都における老人ホームの利用料の平均値は、入居時の一時金が433・6万円、月額利用料が25・4万円。中央値を見ても、入居一時金が33・2万円、月額利用料が21・2万円となっている（2020年時点　※11）。

都内で親の介護をするためには、両親が2人とも要介護になり、施設に入居する場合、中央値で毎月42・4万円かかります。

年金は1942年の制度発足時には55歳から支給されていたが、12年後の1954年には60歳からとなり、1994年と2000年の改正により65歳からとなった。今後は68歳〜70歳からの支給に変更する案が提出されている（2019年時点　※12）。

年金の支給時期は、いま以上に後ろ倒しになる可能性が高いです。

新型コロナウイルス感染症の影響により、GDP（国内総生産）の実質伸び率は、年率に換算してマイナス27・8％で、リーマンショック後に記録した年率マイナス17・8％を超えている。2020年2月〜8月の間に新型感染症関連で倒産した企業は470社を超える。2020年6月時点で、全国の賃金は前年同月比マイナス24・5％となり、リーマンショックを超えて過去最大の下げ幅となっている（2020年8月時点　※13）。

いつ、いまいる会社や国の状況が変わってしまうかは、誰にもわかりません。

もしかしたら、これらのデータを見ても、「私は大丈夫」と思っている人もいるかもしれません。**でも本当に、大丈夫でしょうか？**

私も、初めてこういったデータを見たときには驚きました。しかし、しっかりと現実を受け止め、事前に対策することが大事だと恩師から教わってきました。

いろいろな方から相談を受けていると、「こんなはずじゃなかった」という方もいらっしゃいます。だからこそ、声を大にして言います。

女性こそ、経済的な豊かさが大切です。

「喉が渇いてから井戸を掘っても間に合わない」と言われるように、何かが起こってから対策するのではなく、いまから具体的な対策をすることが大事なのです。

Point

自分の身は自分で守るために、経済的な豊かさが大切！

ワーク　自分が定年後に必要な金額を計算してみよう！

例

65歳〜100歳に必要な金額□万円

＝

毎月必要な金額○万円

×

12(ヶ月)

×

35(年)

(1) 現在の年齢から65歳までの期間に毎月いくら貯金すればよいですか？

例）

□÷{12(ヶ月)×(65(歳)−△(歳))}

＝＿＿＿万円

今の年齢

(2) 自分が大事な人を守るために、いくら必要か書き出してみよう！

いまのままの延長線上を生きた先はどうなる?

「なんとなく大丈夫」ではなく、将来のことをきちんと考えないといけないな……と思いはじめたものの、正直、24歳当時の私は、将来のイメージなどあまり想像できませんでした。

そのことを恩師に質問してみると、シンプルな回答が返ってきました。

「これからの自分がどうなるかを知りたいなら、会社の先輩の姿を見ればわかるよ。数年後にその先輩と同じ人生を送るのだとしたら、最高に幸せ?」

私は、自分の先輩の姿を思い浮かべました。

（仕事をバリバリやって昇給している方もいれば、結婚して子どもがいる方もいて、尊敬できる人がたくさんいる。でも……プライベートも含めて、同じ人生を送りたいかな……？）

即答はできない自分がいました。

悪くはないかもしれない、でも、全部いいと言えるか？　と考えると、１００％満足ではない気がしたのです。

たとえば、先輩にお給料について聞いたとき、昇給しても1年で数千円程度、大きく上がることはないと言っていました。

また、先輩のなかには結婚後にあまり飲みに誘ってくれなくなったり、ランチに外食していた方がお弁当を持ってくるようになったり、お小遣い制になって節約モードになった方もいました。

ほかにも、深夜まで働きタクシー帰りが当たり前の方や、泊まり込みで働いている方もいましたし、私自身も過労で倒れたことがあったので、身体を酷使して長時間働くような働き方は、長くはできないなと感じていました。

いまはまだ若いから多少の無理はできますが、同じ生活を10年後も20年後もできるかと言われたら、自信がありませんでした。

こんなふうに考え込んでしまった私に、恩師は言いました。

「いまのがんばり方が理想の未来につながっているなら、このままがんばったらいいと思うよ。でも、そうじゃないなら、どういう未来にしたいのか、よく考える必要があるかもね」

そこから、私は自分がどんな人生にしたいのか、もっと明確にしようと考えはじめたのです。

Point

いまのままの延長線上で満足できるなら、そのままがんばろう。
でも、迷いがあるなら、どうなれば理想の未来なのか考えよう

ワーク

あこがれの先輩を思い浮かべて、
いいなと思うところ、もっとこうだったらいいなと
思うところを挙げてみよう。

① いいなと思うところ

② もっとこうだったらいいなと思うところ

私の人生、こんなもんじゃない!

世の中の変化や、まわりの先輩方の現状をふまえて、これからの自分の人生をあらためて考えてみると、私は正直「このままで大丈夫なのかな?」と漠然《ばくぜん》と不安を感じました。

何か行動したほうがいいのかもしれない、でも、いまから何かを大きく変えることも怖い……。しかも、行動してそれがうまくいけばいいけれど、もしうまくいかなかった場合、いまよりも悪い状況になるんじゃないか、と不安がありました。

だから、恩師に聞いてみました。

「何かを変えるときに、不安はなかったんですか?」

「あったよ！」

（この人でも不安があったんだ……）

「じゃあ、それをどう乗り越えたんですか？」

「じつはね、不安がまったくなくなることはないって、教わったんだよね。たしかに、現状のままいくことも不安だったし、何かにチャレンジすることも不安だった。だから、どっちを選んでも不安があるなら、現状がよりよくなるかもしれないほうの不安を選んだだけなんだよね」

たしかに、何か行動を起こすにしても起こさないにしても、不安はどちらにもあります。恩師は続けました。

「それにね、私は『人生はこの程度だ』って自分の限界を決めてしまうより、『私の

人生、こんなもんじゃない！』って、もっと自分の可能性を信じたいなって思ったんだよね」

（私の人生、こんなもんじゃない、か……）

もっとよくなってもいいし、もっとできることがあるかもしれない。

私と同じような不安をかかえながらも、結果をつくってきた恩師の姿を見て、どうせ何かを選ぶなら、私も一度きりの人生、自分の可能性を信じてみてもいいかも、と思いました。

こうして、自分の人生をよりよくすると決めてから、私の人生は大きく変化しはじめました。

Point

行動してもしなくても、不安はつきもの！

Chapter 1

いまの自分の働き方に向き合おう

「お金」「健康」「時間」「仲間」……全部取り！

恩師と出会う前の私は、毎日のように「何かいいことないかなぁ……」とつぶやいていました。

大手企業に就職が決まった当時、「私の将来は明るい！」と信じて疑っていませんでした。しかし、仕事に打ち込んだ結果、過労で倒れ、これから先どこを目指してがんばればいいのか、社会人2年目にして目標を見失っていました。

いい大学を出て、いい会社に入って、一生懸命がんばれば幸せな人生になると思っていたのに、「なんでこうなったんだっけ？」とモヤモヤしていたのです。

転機となったのが、恩師から教わった**「豊かさの指標」**という考え方です。

豊かさの指標

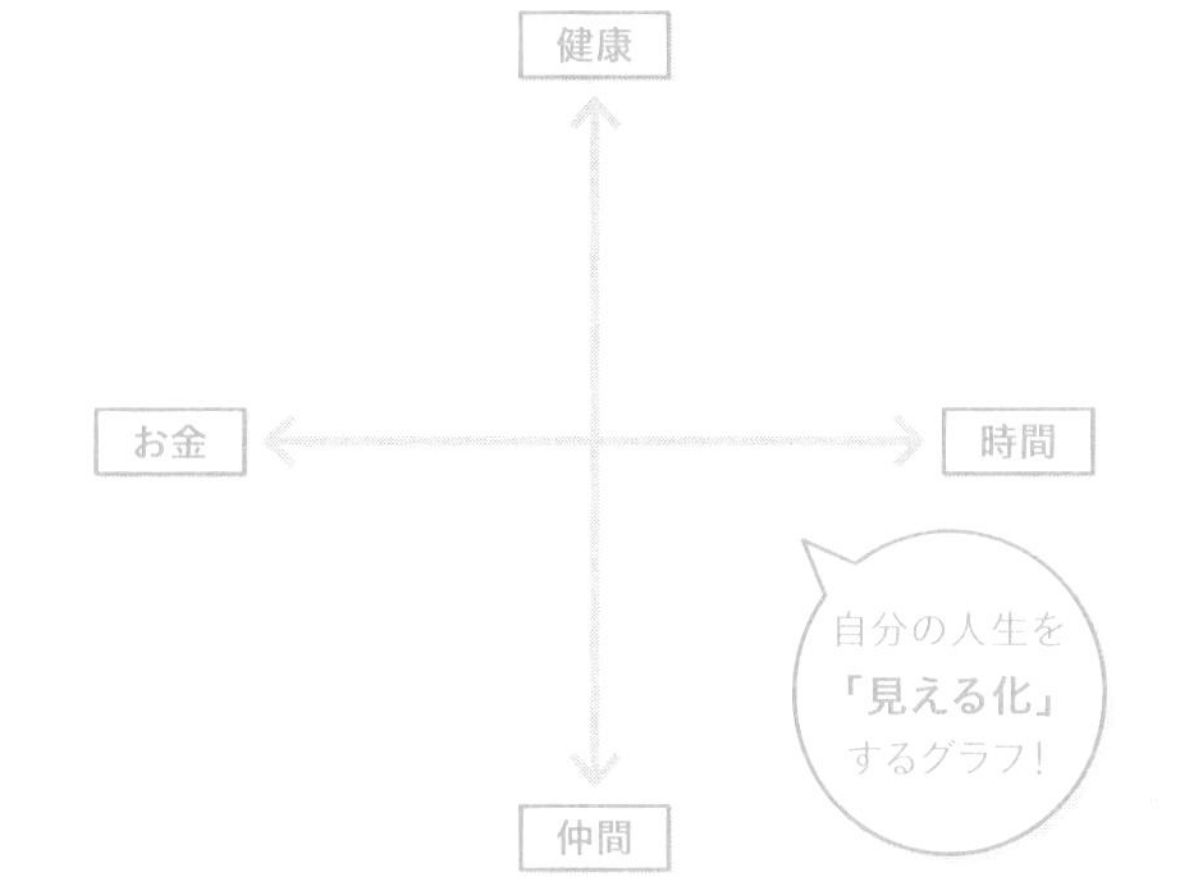

会社の業績などをエクセルのグラフで「見える化」することはよくありますが、これらと同様に、自分の人生についてもグラフにして「見える化」してみよう、ということです。

方法はシンプル。
まず、紙に上記のように2本の線を交差させて描きます。
そして、それぞれの軸の先を、

- **お金**
- **健康**
- **時間**
- **仲間**

とします。

やりたいことを実現し、豊かな人生を送るためには、この4つの指標が大切だと恩師から教わりました。

「たった4つの指標で、自分の人生の豊かさを測るなんて無理！」「幸せな人生を送るには、ほかにもいろんな指標があるはず！」と思う方もいるかもしれません。

ですが、試しに、今後自分がやってみたいこと、欲しいものを具体的に想像してみてください。

たとえば、海外旅行に出かける計画などはどうでしょうか。

まず、旅行の日程を決める必要がありますね。日程によっては仕事やほかの予定の調整も必要になるでしょう。つまり「時間」の確保が必要です。

次は、誰と行くかを決めます。友人、家族、恋人、もしくはひとりなのか。広い意味で「仲間」に集約されるかもしれません。

飛行機代や宿泊費、現地でのツアーへの参加、ショッピングには、もちろん「お金」がかかります。

そして、時間・仲間・お金が揃っていたとしても、旅行する自分自身が「健康」でなければなりません。

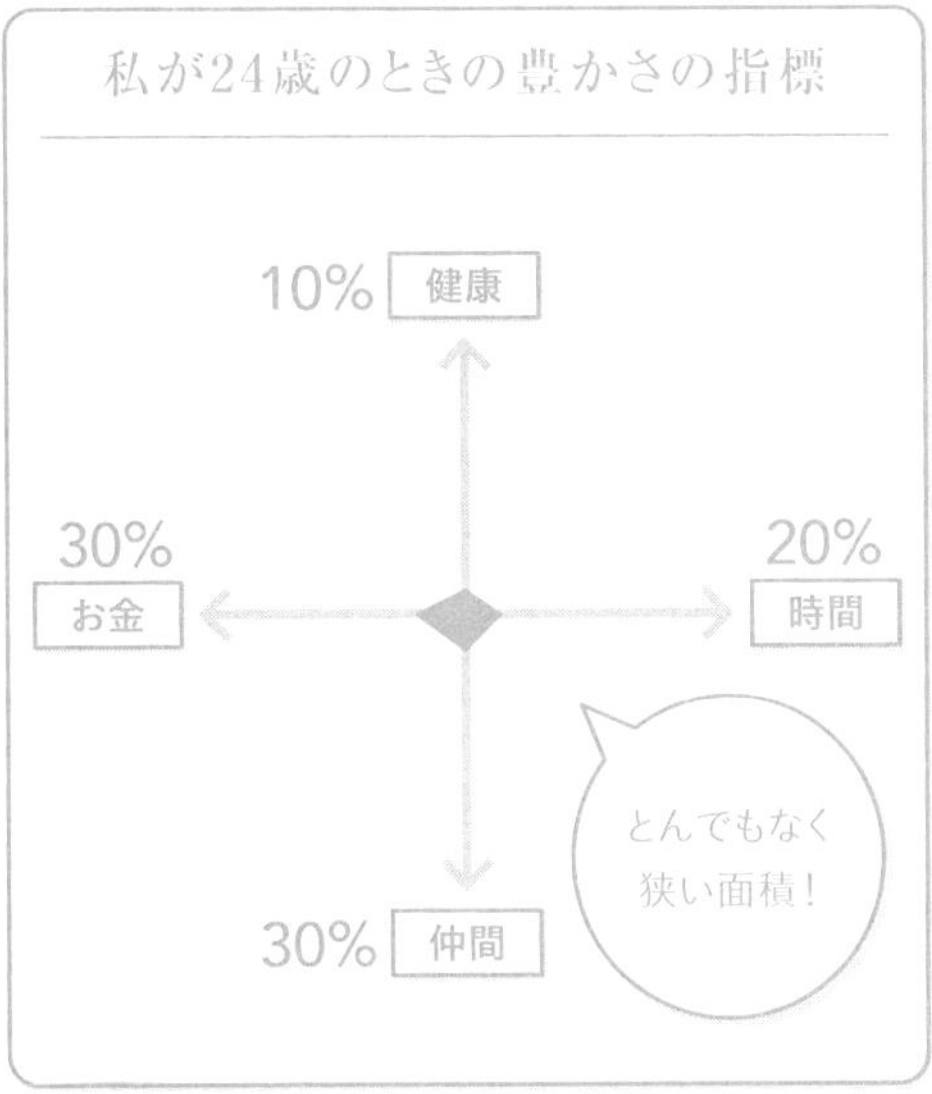

こうして具体的に考えてみると、やってみたいことや欲しいものは、大抵この4つの「豊かさの指標」で表せるのではないでしょうか。

あなたは、自分にとっての理想が100％だとしたら、自分の感覚では、いま何％くらいでしょうか？

参考までに、24歳のときの私の「豊かさの指標」の結果をご紹介します。

とんでもなく狭い面積ですね（笑）。
当時の私は、こんなふうに自分の人生を捉えていました。

お金：自分ひとりが暮らしていくのには十分。だけど親にも仕送りしたい、自分のおしゃれや美容にももっとお金をかけたい、海外旅行にもたくさん行きたい！　いまの状態だと30％くらいかなぁ。

健康：この前過労で倒れたばっかりだしなぁ……。いまは若いし、多少の無理はきくかもしれないけど、また倒れる不安もあるし、10％くらいかなぁ。

時間：ほとんど毎日終電帰りで、余裕なんてない！　土日も寝て過ごしちゃうこともあるし、好きな海外旅行にもなかなか行けないし、20％！

仲間：地元の大阪には家族や学生時代の親友がいるけど、東京に来てからは会社以外で人と出会うことが少なくなった気がする……30％！

初めてこの「豊かさの指標」のワークに取り組んだ当時、「がんばってきたはずなのに、私のリアルな人生って、図にするとこんな感じなんだ……」とショックを受けました。

しかし、自分の人生を客観的に見たことで、あることに気づきました。「100%」に対して30%、10%などと自分の現状を評価したけれど、いったい「100%」ってどんな状態なんだろう？　私はどんな状態を求めているんだろう、と。

過労で倒れる前までは、「とにかくがんばってさえいれば、豊かな人生になる！」と考えていましたが、自分にとっての「豊かな人生」のイメージがあいまいな状態でがんばっていたことに気づきました。

たとえば、お金の指標が100%を達成したなら、「豊かな人生」と言い切れるのでしょうか？

お金だけが豊かな場合…

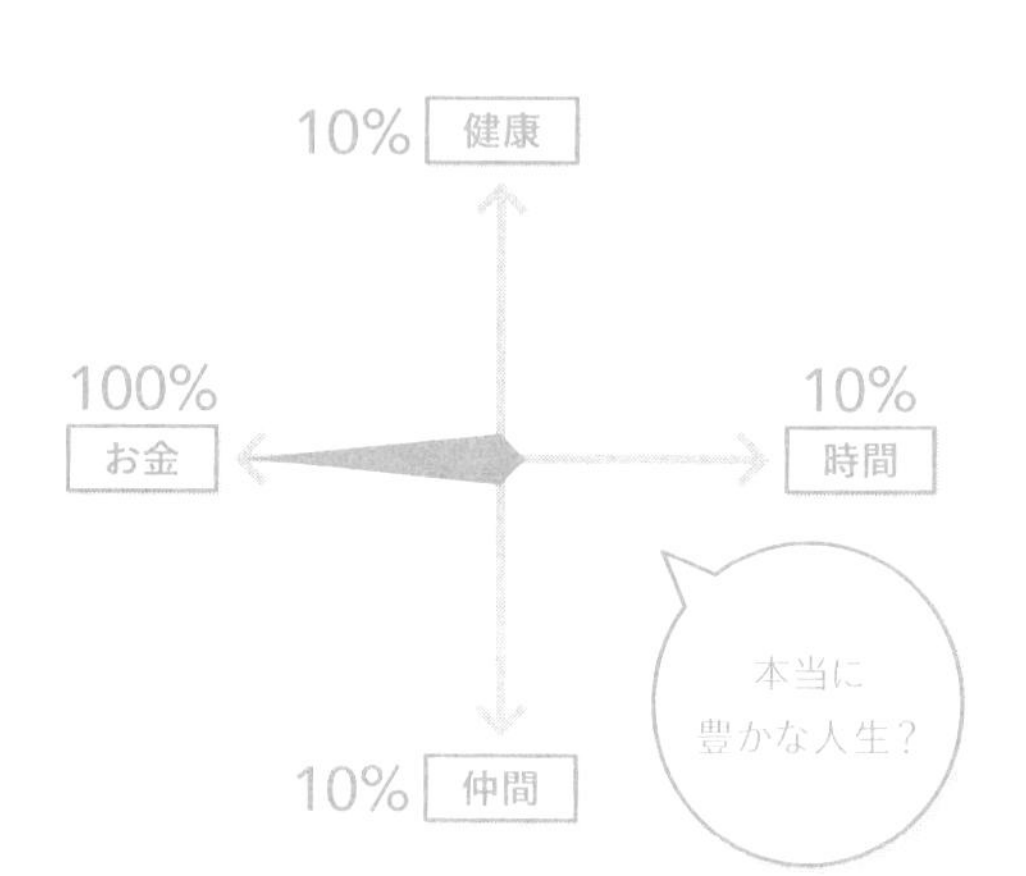

たしかに、お金があると解決できることは多くあります。

しかしどれだけお金持ちであっても、心から信頼できる友だちがいない人生は嫌だな、と私は感じました。

では、時間の指標が100％ならどうでしょうか。

ありあまる時間があったとしても、それを分かち合える仲間がいなかったり、自分自身が健康でないのは、ちょっと違うな、とも感じました。

いろいろなパターンを想像した結果、私は**「全部100％の人生がいい！」**という結論にたどり着きました。

理想の豊かさの指標

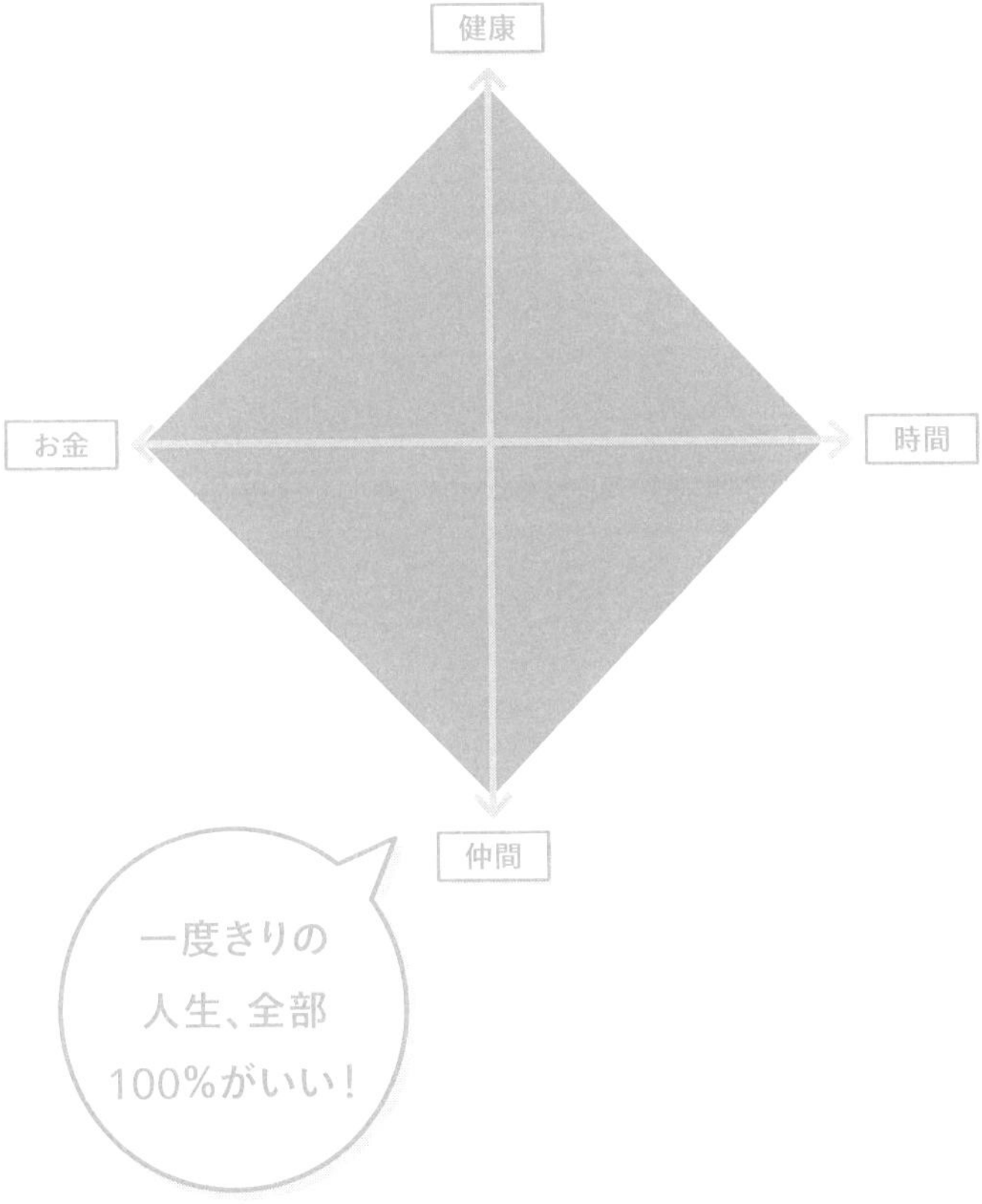

一度きりの人生、もっと豊かになりたい、全部取りしたい！

豊かさの指標がきっかけとなり、私はただやみくもにがんばる人生から、すべての指標が１００％になるようにがんばりたい、と思うようになりました。

あなたは、この指標をどんな図にしますか？

一回きりの人生なら、どこまで望みますか？

本当に実現したい理想を描いてみましょう。

Point

いまのあなたの人生を「見える化」してみよう

ワーク

あなたはいま「豊か」なのでしょうか？
書き出してみましょう。

① 豊かさの指標に書いて「見える化」してみましょう

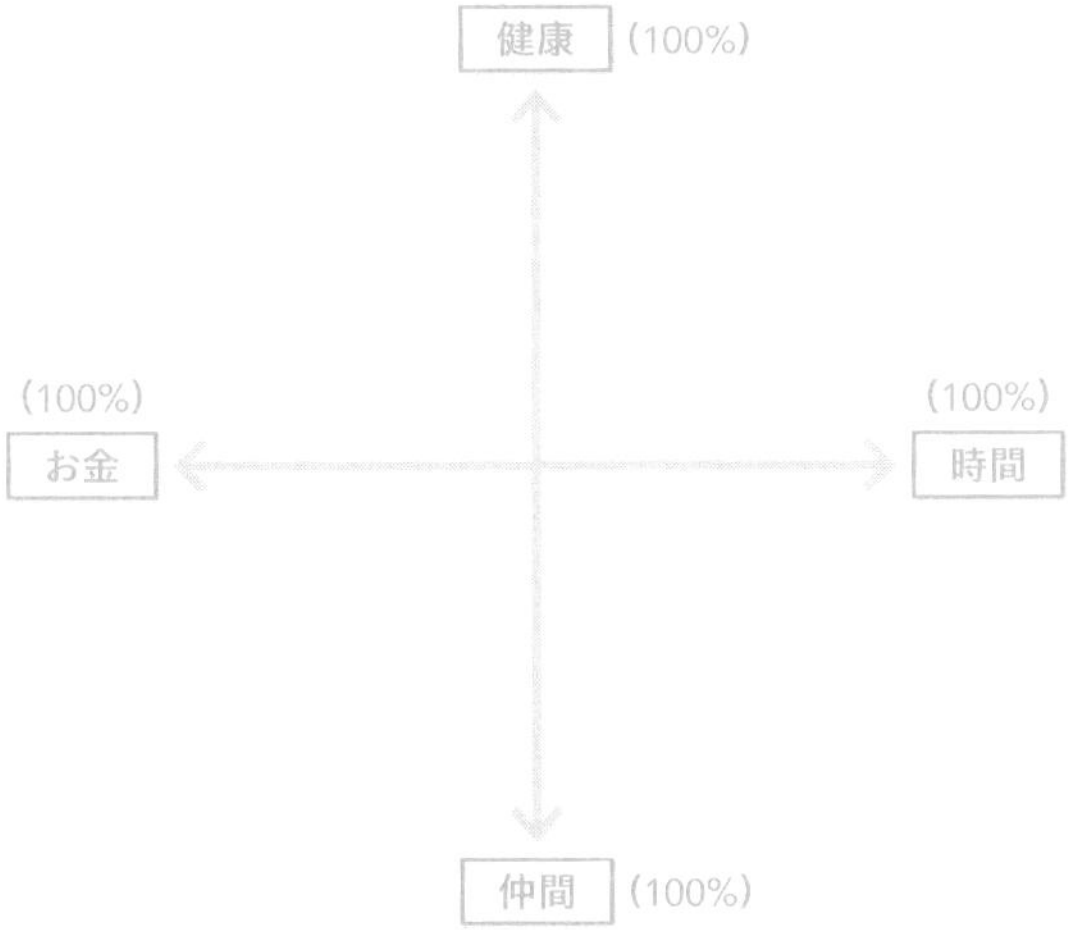

② ①の結果を見てどう思いますか？

バケツを運び続けるか、水道管をつくるか

「豊かさの指標」の話を聞き、お金、健康、時間、そして人（仲間）とのつながり、どれも手に入れたいと思っている自分に気づきました。

その一方で、「全部を手に入れることなんて、できるの？」という疑問が浮かんできました。

「お金」を増やすには「時間」をかける必要があるはず、と思っていたのです。

当時の私が収入を増やすためには、なるべくたくさん残業するか、会社以外でバイトを掛け持ちするしか方法は思いつきませんでした。

転職して年収を上げることも考えてみましたが、収入がアップする仕事は、さらに忙しくなるような仕事ばかりでした。一方、時間のゆとりを優先して仕事を探すと、

収入はいまより少なくなってしまう……。

私は恩師に疑問をぶつけてみました。

「豊かさの指標のどれかひとつを手に入れることはできても、全部を手に入れるなんて、できるのでしょうか？」

恩師の答えは、私の想像していないものでした。

「できるよ。でも、それにはいまの働き方を根本から変えなくちゃいけないね」

「働き方を変える？　転職する必要があるということでしょうか？」

「ううん、もっと根本的な違いがあって、世の中の働き方は大きく2つに分けられるんだよ。まずは働き方の違いを勉強してみるといいかもね」

恩師は2つの働き方の違いについて、たとえ話をしてくれました。
それが「山の部族」という話です。

昔々あるところに、川を挟んだ両脇の山に、
AとBという2つの部族がそれぞれ住んでいました。

どちらの部族も、生活のために山から川に下りて
バケツに水を汲んで山に帰るという生活を、毎日続けていました。

バケツで水を運ぶ毎日を繰り返していたある日、Bの部族は、
「水道管を自分たちの山に引けば、もっと便利になるのではないか」
と考えました。

Bの部族は毎日の水汲みのかたわら、少しずつ水道管の工事を進めました。

3年後、Bの部族の山では、
山の上にいながら蛇口をひねれば水が手に入る状態になりました。

それを知ったAの部族は、
「すごく便利だね！　私たちも水道管を引きたいんだけど、どうやるの？」
とBの部族に尋ねました。

B「毎日少しずつ、水汲みの合間に水道管をつくったよ！」
A「どれくらいの時間がかかるの？」
B「私たちは3年でできたよ！」
A「そうなんだ……（思ったより時間がかかるし、毎日の水汲みもあるし、いまは困ってないし、いいかな）」

数年後、Bの部族はより豊かな生活を送っていました。
水道管から水を得られるようになったので、農作物も育てやすくなりました。

水汲みをする必要がなくなったので、家族との時間を楽しんだり、新たな仕事や趣味にチャレンジすることもできています。

一方、Aの部族は、毎日せっせとバケツで水を運び続け、数年前と何も生活は変わっていませんでした。

「バケツ運び」と「水道管」が、働き方の違いを表していることは、なんとなく理解できました。恩師は、たとえ話の後に補足してくれました。

「昔から『水』は生活に欠かせない重要なものだよね。水をお金に置き換えてみると、どうだろう？」

バケツ運びをしているAの部族は、生活のために毎日働いている、という意味でしょう。当時の私を含め、まわりの友人・家族も皆、生活のために働いていました。

一方Bの部族は、働かなくてもお金が流れ込んでくる状態？

「お金にたとえると、Bの部族の働き方は怪しい感じがします……楽して儲かる働き方、ってことでしょうか？」

私は正直に感じたことを口にしました。

すると恩師は、こう言いました。

「水道管はね、**『努力が後に残る働き方』**なんだよ。水道管が完成するまでは時間もかかるし、日々の生活のためにバケツ運びをする必要もあるから、努力と忍耐が必要。だから、楽して儲かる働き方ではないよ」

私は過労で倒れた経験を思い出しました。

当時の私はバケツ運びに一生懸命に取り組んだ結果、体に負担がかかって働けなくなってしまった状態でした。

バケツ運びも水道管づくりも、どちらも努力することに変わりありません。

若くて体力のあるうちは、Aの部族のように毎日バケツが運べますが、ケガや病気で働けなくなることもあり得ますし、今後、年齢を重ねてバケツ運びが難しくなることもあるでしょう。

「せっかく同じ努力をするのであれば、私は水道管をつくる努力をしたいな」と思いました。

Aの部族は自分の時間と労働力を使ってバケツを運び、水を得ています。より多くの水を得るには、時間をかけて何往復も水汲みをするか、より大きなバケツに変えて一度にたくさんの水を運ぶ必要があります。

これは私が考えてきた「お金をたくさん得るには、たくさん時間をかける必要がある」「転職をして年収を上げる必要がある」という発想と共通しています。

一方、Bの部族の働き方は、水道管ができあがるまでは、水汲みと水道管づくりを並行しておこなう必要があります。しかし水道管ができた後は、毎日の水汲みをしなくても水が得られるので、水汲みに使っていた時間や体力を別のことに使うことができます。

つまり、水道管をつくることで、生活に必要なお金だけでなく、時間や健康、人とのつながりなど、私が大事にしたいものが手に入るのだと気づきました。

世の中の働き方は、大きく2つに分けられます。
バケツ運びをするか、水道管をつくるか。
あなたの理想の未来のためには、どちらの働き方が効果的でしょうか？
あなたはどちらの働き方を選びますか？

Point
働き方は大きく2つに分けられる

自分が幸せになる働き方は、どれ？

山の部族のたとえ話を聞き、いざ水道管をつくろうとしたものの、具体的に何をすればいいのかわかりませんでした。

世の中にはいろいろな職業がありますが、私が思いつく限りでは、大抵の職業はAの部族の働き方でした。

過労で入院した際、転職サイトや資格取得の情報誌などを読み漁り、他業種・他業界の友人にも片っ端から話を聞きましたが、「お金をたくさん得るには、たくさん時間をかける必要がある」というAの部族の働き方のものばかりでした。

世間一般で高所得と言われている医者や弁護士といった職業でさえも、時間と体力を使うことが、より多くの収入を得ることにつながっています。

転職はバケツの種類が変わるだけで、根本的に「バケツ運び」という働き方が変わるわけではありません。

「水道管」のイメージがまったく湧かなかった当時の私は、どうすれば水道管をつくることができるのか、恩師に尋ねてみました。

すると恩師は、「水道管」をつくる方法は、大きく分けて4つあるということを教えてくれました。

- **株式などの「紙の資産」を持つこと**
- **不動産を持つこと**
- **著作権を持つこと**
- **事業を持つこと**

経済やビジネスにいままで触れてこなくてピンと来ていなかった私に、恩師は丁寧にひとつずつ教えてくれました。

株式などの「紙の資産」を持つこと

会社の先輩から株について話を聞いたことがあった私は、「価格が安いときに株を買って、高いときに売るってことですよね？」と聞いてみました。

すると恩師は「それは『バケツ運び』のやり方で、『水道管』をつくる方法ではないよ」と答えました。

安いときに買って高いときに売れば、差額が自分の収入となりますが、何度も売り買いする必要があります。時間と労力をかけることが収入につながるのは、「バケツ運び」の働き方です。

「水道管」をつくるには、株式の「配当」を得ることが大事だと教わりました。

配当とは、株式を所有している株主へ支払われるもので、1株につき○○円の配当というのが、株式を発行した会社によって決められています。

つまり、より多くの株式を持つことが、収入を増やすことにつながります。

2020年8月時点で、東証一部上場銘柄の有配会社の場合、1株の価格のうち平均で年間2・40%が配当金として支払われています（参照：日本取引所グループ https://www.jpx.co.jp/markets/statistics-equities/misc/03.html）。

あなたが理想の生活を送るためには、配当金はいくら必要でしょうか？

そして、その配当金を得るためには、どの程度の株式の購入が必要でしょうか。

もし仮に1株当たりの価格が1万円だとしたら、1株当たり平均240円の配当金が得られる、という計算になります。この条件で、配当金で年間約240万円を得たいと思った場合、約1億円分の株を持つ必要があります。

仮に100万円分の株式を購入した場合は、配当は年間2万4千円程になります。

少額からスタートできる株式投資もありますが、株式などの「紙の資産」で「水道管」をつくる場合、元手となる資金が多いほうが圧倒的に有利なのです。

Point
「紙の資産」は元手が多いほうが有利

不動産を持つこと

私は、自分の家のポストに「マンション1室を買って投資しよう」というチラシが入っていたのを思い出しました。

そのチラシには、

・同じ家賃を払うなら、賃貸より買ってしまったほうがお得！
・自分が住まなくなったら、貸し出して家賃収入を得よう！

といった内容が書かれていました。

これなら私にもできるかもしれない、と恩師に聞いてみると、

「不動産は『1室』ではなく、『1棟』からが水道管としての意味を持つよ」

との答えが返ってきました。

不動産から収入を得る大原則は、不動産購入にかかった費用を、家賃収入が上回る

ことです。

仮に価格2000万円のマンション1室を、銀行ローンを組んで購入した、としましょう。

購入費用を全額銀行から借り入れ、1%の年利が発生した場合、月々10万円を20年間、銀行に返済していく必要があります。そうなると、貸し出す際の家賃は10万円以上である必要があります。

仮に家賃を12万円に設定したとします。

貸し出すことが決まれば、毎月差額の2万円が収入として見込めます。

しかし、不動産では次のリスクを見込んだほうがいいでしょう。

・部屋を借りてくれる人が見つからない
・設定した家賃を値下げする必要性
・部屋が汚れたり破損したり、修繕費が発生する
・事故物件になってしまう可能性がある

このような事態が発生した場合、家賃収入がマンション購入費用を下回る可能性もあり得ます。

しかし、マンション1室ではなく、マンションを1棟持っていた場合、空室が出てしまった場合でも、ほかの部屋の家賃収入でカバーできることもあります。

不動産を「水道管」として機能させるには、1室ではなく1棟規模で考えるのが賢明です。

「1棟買い」をするのであれば、潤沢な資金か、大きな額を金融機関から借り入れできる信用が必要となります。

不動産を「水道管」とするのであれば、やはり元手となる資金が多いほうが有利であると言えるでしょう。

Point

不動産で収入を得るには「1棟買い」しよう

郵便はがき

162-0816

恐れ入ります
切手を
お貼りください

東京都新宿区白銀町1番13号

きずな出版 編集部 行

フリガナ

お名前　　男性／女性　未婚／既婚

(〒　　-　　)
ご住所

ご職業

年齢　10代　20代　30代　40代　50代　60代　70代〜

E-mail

※きずな出版からのお知らせをご希望の方は是非ご記入ください。

愛読者カード

ご購読ありがとうございます。今後の出版企画の参考とさせていただきますので、アンケートにご協力をお願いいたします（きずな出版サイトでも受付中です）。

[1] ご購入いただいた本のタイトル

[2] この本をどこでお知りになりましたか？

1. 書店の店頭　2. 紹介記事（媒体名：　　　　　　　　　　　　）
3. 広告（新聞／雑誌／インターネット：媒体名　　　　　　　　　　　　）
4. 友人・知人からの勧め　5.その他（　　　　　　　　　　　　）

[3] どちらの書店でお買い求めいただきましたか？

[4] ご購入いただいた動機をお聞かせください。

1. 著者が好きだから　2. タイトルに惹かれたから
3. 装丁がよかったから　4. 興味のある内容だから
5. 友人・知人に勧められたから
6. 広告を見て気になったから
（新聞／雑誌／インターネット：媒体名　　　　　　　　　　　　）

[5] 最近、読んでおもしろかった本をお聞かせください。

[6] 今後、読んでみたい本の著者やテーマがあればお聞かせください。

[7] 本書をお読みになったご意見、ご感想をお聞かせください。
（お寄せいただいたご感想は、新聞広告や紹介記事等で使わせていただく場合がございます）

ご協力ありがとうございました。

きずな出版　URL http://www.kizuna-pub.jp　E-mail 39@kizuna-pub.jp

著作権を持つこと

本が売れるごとに作者に1冊当たり何%かの収入が入るんですよね？　と私は恩師に聞きました。

「そうそう。音楽も同じように、制作に関わった人やパフォーマンスをした人に一定の割合で収入が入ってくるよ」

才能がある人はいいなぁ……と、私はつぶやきました。

しかし恩師は「才能・技術があることと作品が売れることは違う」と言いました。

歌唱力があっても売れない歌手もいますし、表現力豊かな作家でも本が売れているとは限りません。著作権を「水道管」とするのは、あまり現実的ではなさそうだなぁ、と当時の私は感じました。

Point

才能・技術があることと、作品が売れることは違う

事業を持つこと

「『水道管』をつくるために事業を持つということは、社長になるということでしょうか？」と、私は尋ねました。

恩師は「半分は正解、半分はハズレだよ」と答えました。

恩師は、「社長」にも3つのタイプがあることを教えてくれました。3つの「社長」のタイプとは、次のものです。

① サラリーマン社長
② 自営業
③ ビジネスオーナー

「この3つのタイプの違いは何でしょうか？」と私は質問しました。

恩師の答えは「働き方が『バケツ運び』か『水道管』かの違いによるよ」とのことでした。

まず、①のサラリーマン社長と、②の自営業は「バケツ運び」の働き方だと、恩師は言いました。

サラリーマン社長タイプは、企業に社員として入社して、社長まで出世した人などがわかりやすい例でしょう。責任が大きい分、給与も高くなりますが、根本的には「会社に在籍していること」で収入を得ている点では、バケツ運びの働き方と言えます。

自営業タイプについては、シェフ自身がオーナーを務める飲食店などを想像するとわかりやすいでしょう。

その場合、自分自身が、より多くのお客様に料理を提供することが売上に関わってくるため、できる限り長い時間お店を営業する必要があります。

「水道管」をつくるのであれば、目指すのは③のビジネスオーナーだよ、と恩師は言いました。

「ビジネスオーナーとは、何をするのでしょうか？」

「自分がその場にいなくても、お金が生まれる仕組みをつくることだよ」

恩師は美容院を例に挙げてくれました。

自営業タイプの社長が美容院を経営した場合、自分自身が接客し、売上の管理などを全部ひとりでする必要があります。

これはオーナーそのものが事業の仕組みの一部として働いている、とも言い換えられます。オーナー自身がいないと売上が上がらない状態になってしまうのです。

一方、ビジネスオーナーとして美容院を経営している場合、オーナーのやるべきことは、自分の代わりに接客や売上を管理するスタッフを探し、育成することです。

自分自身が仕組みの一部として働くのではなく、仕組みをうまく機能させることが、ビジネスオーナーの仕事とも言えます。

自分がその場にいなくてもお金が生まれると聞くと、「楽して儲かる」というイメージを持つ人もいるのですが、事業の世界において楽して儲かるものはありません。「簡単に稼げる」「がんばらなくても大丈夫」などをうたっているビジネスは、正直おすすめできません。

事業の世界で結果をつくっている人は、必ずそれ相応の努力をしているからです。

事業を「水道管」として機能させるということは、オーナーが物理的にその場にいなくても、安定的な収入が得られる状態をつくることです。

事業を立ち上げたばかりのときは自転車操業だけれど、徐々に売上を伸ばしながら、自分の時間を確保できるようにしていくことが、ビジネスオーナーとしての「水道管」のつくり方だと教わりました。

Point

社長になるなら、ビジネスオーナータイプの社長を目指そう

水道管をつくるには、順番がある

ここまで話した後、恩師はつけ加えました。

「手段が存在することと、その手段を使いこなせるかどうかは、違うからね」

その言葉で私はハッと気づきました。

「水道管」をつくる仕組みは大きく4つ存在するけれど、いまの私が取り組むことができるかは別の問題です。

私自身がどうやって「水道管」をつくるか、もっと具体的にイメージするため、恩師はどうやってきたのかを聞いてみました。

「私はまず事業を起こして、それを軌道に乗せた後に、不動産を持ったよ」

恩師は当時、小売店と飲食店を経営しながらアパートを1棟建設している最中でした。まずは事業の拡張に集中し、しっかりと元手をつくってから、不動産や紙の資産を持つ、というのが恩師の考え方でした。

「なぜそのやり方を選んだのでしょうか？」と私は尋ねました。

「それがそのときの私ができる方法だったから。会社員時代はお給料も安くて、まとまった貯金もできないような状態だった。株や不動産みたいにお金がお金を生む方法は、当時の私が取り組むには難しかったんだよね。

著作権で収入を得るなんて、才能もないし売れる方法もわからないし、さらに取り組みようがなくて。資金も経験も才能もなかったから、事業しか取り組めるものがなかったんだよね」

恩師の話と、24歳当時の私の状況が重なって見えました。

株や不動産のような、「お金がお金を生む方法」は、恩師と同じく、私にも難しい状況でした。まとまった元手ができるまで何年かかってしまうのだろう、と気が遠くなりました。

たしかに私にも事業以外取り組めそうな方法はありませんでした。いまの私に何ができるのか、恩師の話をよりくわしく聞いてみようと思ったのでした。

Point

仕組みが存在することと、自分自身が取り組めるかどうかは別

自分の成長と収入がリンクする世界で働こう

「だったら、あなたが経営者になったらいいと思うよ」

これは、自分が事業を立ち上げることにピンと来ていなかった私に、恩師がかけてくださってくれた言葉でした。

当時、経営者はやりたいことが明確な人や、ビジネスに関する経験や知識が豊富な人がなるもので、私には遠い世界の話だと思っていました。

「私は母子家庭で、女手ひとつで育ててくれた母を支えるために、稼げるようになりたいって思っていたのね。そのために高卒で社会に出たけれど、会社員のお給料だけじゃ厳しくて、自分で事業を立ち上げることにしたんだ。

未経験で何の土台もないところからスタートしたけれど、『豊かさの指標』がどんどん広がっていっていることや、手帳と携帯さえあればどこでも生きていける、って言える実力がついたことが、とても嬉しいんだ」

と恩師は言いました。

そう話す姿がかっこよくて、私もこんな女性になりたいと思いました。私も母子家庭で育ち、ゆくゆくは母に親孝行したいと考えていたので、自分と似た状況から理想の状態を手に入れてきたことを聞いて、「私にも可能性があるかも！」と希望の光が差し込みました。

あれから14年、私は一つひとつ恩師から教わりながら、経営者としての道を歩んできました。

結果、いまでは豊かさの指標はすべて１２０％！　というくらい、豊かな人生を送っていると断言できます。

私は、事業の世界で努力することが、何より面白いと感じています。

なぜなら、自分の成長と収入がリンクしているからです。

「年収は社会人の通信簿だよ。どれだけ世の中のお役に立ったかが、売上や収入となって自分に返ってくる」と教わりました。

努力をすればするほど、自分自身が成長すればするほど、売上や収入が増えていくのが面白くて仕方ありません。

いまは、株や不動産で水道管をつくることもできる状態になりましたが、それでも私は事業を拡張させることに夢中です。

たとえば株式を購入したとして、その株価が2倍に値上がりしたとします。

しかし、それは景気や市場の影響を受けただけであって、株主である自分自身の価値が2倍になった訳ではありません。

私は景気や市場の変化に左右されることなく、自分の欲しい結果をつくり出す力こそ大事だと思います。

事業に取り組んで得たものはたくさんあります。

まずお金に関しては、やりたいことをやるときや、欲しいものを買うときに、金額を気にすることはなくなりました。

また、健康にも十分に投資ができています。

そして時間に関しては、24時間365日、自分の思い通りに予定を立てられる状態になりました。

物理的に自分が働く時間は会社員時代の数分の1です。

仕事をする場所も選べるので、メールのチェックはエステを受けながら、ということもできます。

仲間もたくさんできました。自分の預金通帳や印鑑を預けられるほど、信頼できる仲間に囲まれていることが、人生の財産だと感じています。

事業の世界では、いつどこで誰と働くか、そしていくら稼ぐのかを全部自分で決め

られるので、どんな目標を立てるかもすべて自分次第です。

目標を達成し、さらに次の目標を立てて達成する。その目標達成の連続や目指し続ける人生そのものに、私は何よりも価値を感じています。

「いま」のあなたの選択が、10年後の未来を大きく変えていきます。

私自身は、自分の努力が後に残る働き方を選択したことが、人生で最高の選択だったと感じています。

だから私はいま、あなたにこう言います。

「だったら、あなたが経営者になったらいいと思うよ」

Point

努力が後に残る働き方を選択し、成長を価値に変えよう

Chapter 2

あなたの理想の人生は？

自転車に乗って「よし、ハワイに行こう」と思っても無駄

私は、恩師からたくさんのことを学ばせていただきました。

社会情勢や経済、働き方の違いはもちろんですが、恩師が大事にしてきた考え方や価値観を学べたことが、いまの結果をつくった要因のひとつだと思っています。

まず教えていただいたのが、「自分の人生の目的地を決める」ということです。

人生は旅行にたとえられることがありますが、もしあなたが旅行に行くとしたら、まず目的地を決めるはずです。目的地よりも先に、具体的なスケジュール、行き方、当日の過ごし方、持ち物が決まることはないでしょう。

同じように一度きりの人生において、あなたが本当はどこにたどり着きたいのか、まず先に人生の目的地を決めることが大事です。

人生の目的地を決めるポイントについて、こう教わりました。

・Be（なりたい状態）
・Do（手段）
・Have（欲しいもの、結果）

旅行でたとえると、

・Be（なりたい状態）→目的地
・Do（手段）→交通手段、行き方
・Have（欲しいもの、結果）→グルメやショッピングを堪能して思い出をつくる

ということです。

旅行に行く際はまず目的地を決めるのに、自分の人生においては「Be（なりたい状態・目的地）」を決めず、「Do（手段）」や「Have（欲しいもの、結果）」に気を取られていました。

私の場合は「目の前の仕事をとにかくがんばってさえいれば、豊かな人生になる！」と信じていましたが、まさに目的地を決めずに目の前にある自転車をがむしゃらにこいでいただけなのかもしれません。

最初に目的地を決めるから自ずと適切な交通手段が絞られるように、自分の人生においても、先になりたい状態を決めるから適切な手段が選べるのです。

もし仮にあなたが東京からハワイに行こうと思っても、いまこいでいる自転車ではたどり着けないですよね。

恩師のアドバイスをもとに「Be（なりたい状態）」を明確にして、その姿に近づくための「Do（手段）」を選択し、結果としていままでは「Have（欲しいもの、結果）」を手にすることができました。

次項で、あなたも自分の人生の目的地を明確にしていきましょう！

Point

Do（手段）を考えるより先に、Be（なりたい状態）を考える

理想の人生が明確になる4ステップ

あなたは、目の前に神様が現れて「なんでも願いを叶えてあげる」と言われたら何をお願いしますか？

たとえば、いま欲しいものは何ですか？

私は、会社員であった当時もいまも、これは本当に挙げきれないほどあります。

エルメスのバーキン、財布とおそろいのヴィトンのバッグ、永遠に続く美肌……など。「素敵なおうちに住みたい！」という人もいるかもしれません。「海外に行くための英語力が欲しい」というのもよく耳にします。

では、それらをいつまでに手に入れるのか、期限と金額は明確でしょうか。

ここでは、それらをイメージして、書き出していく作業をしてみましょう。

紙に実際に書くということは、理想を現実にするためのファーストステップなのだそうです。元メジャーリーガーのイチロー選手も、小学校の卒業文集に「一流のプロ野球選手になる」と、目標契約金や自分自身がどういうプレイヤーになりたいかを書いていて、それを実現したことは有名な話ですよね。

このように、成功者の多くは、目標達成のために「紙に書く」ということを大事にしているそうです。

私自身も、まずは理想を紙に書き出したことで、いまは当時描いた大半のことを実現しています。

具体的には、次の4つのステップでアウトプットしていきます。

STEP1「欲しいもの（Have）」について

問「欲しいものはなんですか？」

（例）

期限：35歳までに
欲しいもの：アイランドキッチンがついた港区の3LDKの家
金額：家賃月50万円

あなたはどうでしょうか？　できるだけたくさん書き出してみてください。

期限：
欲しいもの：
金額：

書き出してみていかがでしょうか？

書き出せた人もいれば、途中で手が止まってしまった人もいるかもしれません。

私自身、銀座のブランドショップに足を運んだり、高級車に試乗してみたり、一流ホテルのラウンジでお茶をしてみたりすることで、いままで意識したことがなかった自分の願望に気づくことができました。

普段の自分だったら選択しないようなことをやってみて、願望を広げるための時間をつくることもおすすめです。

STEP2「やりたいこと・手段(Do)」について

問1「やりたいことはなんですか?」

(例)
期限：来年末までに
やりたいこと：親を連れて6泊8日のハワイ旅行
金額：予算200万円

こちらもできるだけたくさん書き出してみてください。

期限：
やりたいこと：
金額：

問2「どんなライフスタイルを送りたいですか？」

（例）
期限：40歳までに
理想のライフスタイル：朝起きたときの気分で、今日働く場所を決める
金額：年収3000万円

期限：
理想のライフスタイル：
金額：

問3「問1と問2のことを成し遂げたら、どんな自分に成長していますか?」

(例:自信がある、影響力がある、頼られる、余裕がある……など)

回答:

さて、ここまで書き出してみると、自分の願望がより明確になってきたのではないでしょうか?

先述したように、私は最初からたくさん書き出せたというよりも、人に会い、本を読み、フットワーク軽くさまざまな情報に触れ続けたことで、より明確により具体的に描くことができました。

少しずつ書き足していくのも面白いかもしれませんね。

では、3つ目に「なりたい状態 Be」を考えてみましょう。

なりたい状態がすぐには思いつかない人は、「なりたくない姿」の裏返しがなりたい姿につながるので、それをもとに書き出してみてもいいかもしれません。

STEP3「なりたい状態（Be）」について

問1「友人や家族をはじめとする人間関係のなかで、どういう人でありたいですか？」
（例：まわりから信頼される人、ムードメーカー、仲間思いな人……など）

回答：

問2「これまでやりきった経験は、どんな経験ですか？」
（例：習いごとに休まず通った、バイトを3年間やりきった……など）

回答：

問3「いままで後悔したことは何ですか？」
（例：気になるあの人に告白しなかった、友人や両親を傷つけてしまった……など）

回答：

問4「後悔した経験を繰り返さないため、どんなことを大切にしていきたいですか？」

（例：自分に正直でいる、人に対して誠実でいる、決めたことはやり抜く……など）

回答：

問5「これまで描いた目標を達成した先に、どんな自分になりたいですか？」

（例：何があっても動じない、自信にあふれた自分……など）

回答：

STEP4「人生年表」

そして、理想の目標を決める最後のステップです。これまで書き出したやりたいことリスト、そして欲しいものリストを、人生年表に落とし込んでみましょう。

ワーク「人生年表」を書き出してみましょう

西暦	年齢	欲しいもの・やりたいこと・なりたい状態

ここまで書き出してみて、いかがだったでしょうか？

4つのステップを振り返ってみて、ワクワクしている人、スッキリしている人、書き出してみたはいいもののできるかどうか少し不安な人、さまざまだと思います。

大事なことは、目的・目標を決めることに時間をかけるのではなく、書いたものを手に入れるために具体的な行動に時間をかけるということです。

まずは3日間で決める！　と集中して書き出してみましょう。

Point

紙とペンを用意して、いますぐ書き出そう！

まずは自分自身を満たすことが大切

人生の目的・目標に向き合ったとき、24歳当時の私は未来に対してワクワクしている一方で、迷いもありました。

というのも、「人生の目的」と聞くと、誰かの役に立つことや、社会に貢献するといった大義名分が必要なのでは、と思っていたからです。

あらゆる企業には理念があり、起業している人は「世のため人のため」といった大きなビジョンを掲げている人が多い印象がありました。

当時の私自身に、誰かの役に立ちたい、社会に貢献したいという願望があったかと問われると、それほど強く意識したことはありませんでした。

どちらかと言うと、とにかく目の前の自分の現状を変えたい! というのが率直な気持ちでした。

大それたビジョンや想いがなくても、経営者になれるのかな？　と迷っていたときに、恩師から**「まずは自分自身が幸せになること」**を教わりました。

たとえば、もし誰かが海で溺れてしまったとき、自分も溺れてしまっていたとしたら、助けられませんよね？　もしくは、自分が道に迷っているとき、同じく迷っている人に道を教えることはできませんよね？

それと同じように、自分が豊かではないのに誰かを豊かにすることはできませんし、自分が幸せでないのに誰かを幸せにすることはできません。

誰かの役に立ちたい、貢献したいという気持ちは素晴らしいものです。
しかし、まずあなた自身が幸せで豊かで満たされた状態になることが大切です。
恩師の話を聞いて、まずは自分の現状を変えるためにも動き出すことをあらためて決めました。

あれから10年以上がすでに経ちましたが、当時変えたかった状況は大きく変わりました。

そのなかでご縁があって出会った方や、一緒にがんばる仲間のお役に立ちたい、社会に貢献したいという想いが私自身のなかで徐々に芽生えてきました。また恩師にすすめてもらった研修にも参加し、「人生の目的」も明確にしてきました。いまは「世のため人のため」にさらに努力しようと思っています。

「人生の目的」に、あえてかっこいい理念を掲げる必要はなく、いまの自分が燃えるものなら何でもよいのです。

まずは、いまのあなた自身が「このためならがんばれる！」という目的を明確にし、あなた自身の幸せのために努力してみましょう。

Point

いまの自分が燃える「人生の目的」を明確にしよう！

Chapter 3

自立した女性になるために大事なこと

バットで素振りをがんばっても、バレリーナにはなれない

恩師に出会ったことで、私は初めて、自分の本当に欲しい未来やなりたい姿を真剣に考えました。

せっかくだから思っていることを全部書こうとペンを走らせたところ、「こんなことを思っていたんだ」と、自分でも気づいていなかった夢や願望が浮かんできました。

逆に、夢物語だと思って口に出すのをためらっていたことを思い切って書き出してみると、「やっぱりこうなりたかったんだな」と気づき、自分の本当になりたい姿が明確になっていくのを感じました。

夢を描くことがとても楽しくて、「全部叶ったらすごく素敵な人生になる！」と、目の前に広がる可能性にとてもワクワクしたことを覚えています。

（欲しい未来は明確になった。何がどれくらい必要なのかもわかった。でもどうやって手に入れるのだろう……）

そう疑問に思った私に、恩師はひと言、

「欲しい未来につながるがんばり方をしよう」

と言ってくださいました。

そのころの私は社会人2年目。日々新しいことだらけで、仕事もプライベートも楽しくて仕方がない時期でした。できることが増え、仕事を任されるたびに自分の成長が感じられ、上司や先輩から期待されることがとても嬉しかったのです。

先輩はとても尊敬できる方で、「いつか先輩みたいに大きな仕事を任されたい」と思っていましたし、同期も仲がよく、切磋琢磨できる関係性だったので「負けてられないぞ」と思っていました。

会社終わりに上司や同期と飲みに行って会社の未来について熱く語ったり、土日はプライベートを満喫し彼氏とデートをしたり、充実した日々を過ごしていました。当時の私は、ただ目の前のことがとにかく楽しかったのです。

楽しみながらも、私は日々努力を積み重ねているという自負がありました。

そこで恩師から、こんな問いかけがありました。

「いまの延長線上の生活を続けた5年後、10年後、あなたはどんな姿になっていると思う？」

「いまとそんなに変わっていない……かもしれません」

「それが本当に理想の状態？」

「……」

恩師は、当時の私の姿を「バレリーナになりたい」という夢があるにもかかわらず、野球の素振りを一生懸命がんばっている人、と表現しました。

バレリーナになりたいのであれば、バレエシューズを買い、バレリーナになるための練習を積む必要があります。

つまり、なりたい姿になるために必要な努力をする、という当たり前のことです。

しかし、当時の私はバレリーナになるためにまったく関係ない、野球の素振りを一生懸命やり続けているような状態だというのです。

社会人2年目の当時の私は、目の前の仕事に対して一生懸命努力していました。

しかし、ただがんばることと、欲しい未来のために効果的ながんばり方をすることはまったく違うことなのだと、恩師の言葉で気づきました。

「欲しい未来から逆算して、いまやるべきことをやろう」と言っていただき、私は一度きりの人生で、自分の理想につながるようながんばり方をすると決めたのです。

Point
欲しい未来につながるがんばり方に変えよう

「この人から学ぶ」という人を、ひとり決める

「素振りをがんばるバレリーナ」ではなく、夢に向かって効果的な努力をしようと決めた当時の私は、これからがんばり方を変えた先に、描いた未来が手に入るかもしれないと、期待に胸を膨らませていました。

しかし、ふと疑問がよぎりました。

（効果的な努力って、何をどんなふうにやっていけばいいのだろう？）

恩師から言われたのは、まず**「学ぶ人を決める」**ことでした。

考え方はとてもシンプルでした。

欲しいと思っている結果をすでに手にしている人から学ぶ、それだけです。

あなたも学生時代、部活ならコーチから、勉強なら学校の先生から、会社員になってからは教育係の先輩に一つひとつ仕事を教わってきたように、何事もすでに結果をつくってきた人から学んできたのではないでしょうか。

それと同じように、経営者になると決めたときには、経営でうまくいっている方から学ぶことを決めるのです。

初めて取り組むことに対して、自分でトレーニングメニューやカリキュラムをつくることは難しいでしょう。しかし、部活も勉強もコーチや先生から教わったことを愚直に実践することはできるのではないでしょうか。

これまでの部活や勉強での経験と同じように、まずは「学ぶ人を決める」ことから経営の第一歩を踏み出すことを決めました。

当時の私は、自分のまわりにいる人を思い浮かべてみました。親や友人、会社の先輩や同期……人として尊敬はしていましたが、私が欲しい結果を手に入れている人は思い当たりませんでした。

そして、いままで出会ってきた人のなかで、私が欲しいと思った結果を得ているのはひとりだけだと気づいたのです。

こんなご縁は二度とないかもしれない！　このチャンスを逃しちゃいけない！　と思い、「学ばせてください！」と恩師にお願いし、経営の道を歩んでいくことになります。

「学ぶ人を決める」ときに大事なポイントは、「学ぶ人をひとりに絞る」ことです。

せっかく学ぶのであれば、いろいろな人からさまざまな情報を得て、自分で取捨選択して実践したい、という考えもあるでしょう。

たとえば、プロ野球選手になりたいと思っている人が、イチロー選手、ダルビッシュ有選手、大谷翔平選手から学べるチャンスがあったとしましょう。どの選手も一流の結果をつくっていますが、打法も、得意なことも違いますし、日々のトレーニング内容も違うことでしょう。

もしあなたがアドバイスを彼らに求めたとしたら、それぞれ違うアドバイスを口にするのではないでしょうか。

そうなった場合、どのアドバイスを受け入れたらよいのか判断に迷って時間を無駄にしてしまったり、結局どのアドバイスも実践しなかったりする可能性もあります。

学ぶ人をひとりに決めて、その人から集中して学ぶことが、欲しい結果をつくる一番の近道だと私は思います。

せっかくなら思い描いた将来をいち早く手に入れるために、欲しい結果をつくっている人から徹底的に学びましょう！

Point

欲しい結果をつくっている人に学ぼう

SNSにプロ野球選手になる方法は書かれていない！

恩師に学ぶようになって、「大切にするといいよ」と教わったことがあります。

それは「どこから情報を得るか」ということです。

いまは情報化社会なので、誰でも簡単に情報が得られ、誰でも情報発信できる時代です。情報には「事実」と「意見」の2種類があり、そのなかで「事実」を得ることが大事だと教わりました。

「今日の気温は20度です」は事実ですが、「今日は肌寒いです」は意見です。誰かの主観が入った情報を得るのではなく、事実かどうかを見極めることが大事です。

事実はひとつですが、意見は無数に存在するため、何か初めてのことに取り組むときは「何が事実で、何が意見か」の見分けがつきにくいものです。

情報を得るときに大切な3つのポイントがあります。

1つめは、「文章の責任の所在」が明記されている情報かどうか。

新聞の書評や本は筆者名がきちんと明記されているので、情報に対する責任がどこにあるか明確です。本や記事を書いた人に聞けば、情報の根拠を確認することができるでしょう。逆に、ネットの掲示板などの匿名性の高い情報は、井戸端会議の噂レベルで、信頼できる情報とは限りません。

2つめは、「結果をつくっている人」からの情報かどうか。

たとえば、プロ野球選手になりたい人がいたとします。練習方法に迷ったときに、プロ野球選手に聞くのと、草野球の選手に聞くのでは、情報の質がまったく違うことでしょう。プロ野球選手になりたいのであれば、プロとして一流の結果をつくった人に聞くほうが効果的ですよね。

3つめは「効果的」な情報かどうか。

たとえば、おつき合いしたいなと思っている男性と映画を観に行くとしたら、どんな映画を選びますか？　わざわざ失恋モノを選ぶ人はいないでしょう。せっかくなら、恋が成就する映画を選んだほうがうまくいきそうですよね。

自分の背中を押してくれる、プラスの情報を得ることを大事にしましょう。

教わったことはどれも当たり前のことのように感じましたが、何か新しいチャレンジをするときには、あらためてどんな情報を得るのかが大事だと学びました。

「正しい情報には価値がある。だからこそ、信頼に足る情報を正しく選び取ることが大事だよ。そして一部のＳＮＳやインターネットの情報は出所が不明確なことがあるから、信頼できる人からの直接の情報が何より大事だと思っているよ」

恩師からもらったこの言葉を胸に、私もこれから自分ががんばっていくことに対して効果的な情報を得るために、さらに学ぼうと決めました。

Point

どこから情報を得るかを意識しよう

「学ぶ」ことは「真似る」こと

自分の人生を変える一歩を踏み出した私は、恩師から集中して学び、早く結果をつくろうと意気込んでいました。

「まず、どんなことから学んだらよいでしょうか?」と私は尋ねました。

すると恩師は、

「まず学ぶべきことは、成功している人の考え方を知って、それを真似することだよ」

と言ってくださいました。

「え！　真似ですか?」

経営やビジネスと聞くと、オリジナリティやユニークさが大事だと思っていたので、「真似」という言葉にはとても驚きました。

「ちょっと想像してみて。もしあなたが大企業の社長になったとしたらどうかな？」

もし私が社長になったら……いまの自分では大きなお金を動かしたり、経営判断をしたりする姿が想像できず、すぐに会社をつぶしてしまいそう……と震えました。

「正直、無理だと思います」

「じゃあ、自分の脳みそが、いま成功している大企業の社長の脳みそになったとしたら、どうかな？」

それならば、私でもうまくいくのではないかと思えました。

恩師は「学ぶことは真似ること」だと教えてくださいました。

社長のカバン持ちが一番出世する、という話を聞いたことはありますか？

カバン持ちをするということは、朝から晩まで社長と行動を共にするため、社長の頭のなかを知ることができます。日々、社長が物事をどう判断しているのか、なぜその考えに至ったのか理由までわかるので、もし自分が同じような状況に置かれたときに、社長と同じ判断ができるようになるのです。

自分で考えて行動することも、もちろん大事です。

しかし自分で考えるということは、過去の自分自身に相談することだとも言えます。

人生は選択です。結果を変えたいなら、すでに結果をつくっている人がどのような選択をするか真似ることが大事です。ダジャレのように聞こえますが、「自己流は事故流」だとも教わりました。

恩師は、学ぶ基準についてこう話してくださいました。

「大切なのは、成功している人がやってきたことを完全にコピーすることだよ。スポーツでもなんでも、自分のできそうなことや好きなことだけを練習してもうまくいかないいように、学ぶときも自分ができそうなことや好きなことだけを学ぶのではなく、すべてを真似していくことが大事だよ。

自分ができる・できない、好き・嫌い、向いている・向いていないに関係なく、まずは全部真似してきたからこそ、いまの結果があると思っているよ」

私は結果をつくるために、恩師の物事の捉え方や考え方などすべてを真似しよう、と決めました。

Point

自分が欲しい結果をつくっている人の「すべて」を真似しよう

ひとり暮らしを経験しよう

あなたはいま、どんな家に、誰と住んでいますか？

ひとり暮らし、寮、ルームシェア、実家……さまざまだと思います。

なぜこのような質問をしたのかというと、私は、

「社会に出てからは、自分のお金で生きていく力を身につけることが大切。つまり、一人ひとりが自分自身の人生の経営者なんだよ」

と教わってきたからです。


「会社が家から通える距離にあるから」「実家のほうがたくさん貯金できるから」「近くにいて親孝行がしたいから」「ひとりで暮らすのは寂しいから」「大好きなペットと離れたくないから」「狭い家に住みたくないから」「楽だから」……というような、さ

まざまな理由で実家に暮らしている方もいると思います。

ここで伝えたいことは、ひとり暮らしがよくて実家暮らしが悪いということではなく、自分ひとりが生きていくのに、どれだけのお金が必要なのかを、早いうちから把握しておくことが重要だということです。

私は社会人になりひとり暮らしをするまで、毎月の水道・光熱費や食費などといった月々の生活費に実際どれくらいの金額がかかるのか、具体的な数字までは知りませんでした。

いずれ家庭を持ちたいと考えている方であれば、家族全員の生活にどのくらいお金が必要か知ることが大事ですよね。しかし、自分ひとりの生活にかかるお金を知らずに、家族全員にかかるお金を明確にイメージできるのでしょうか？

いまのように守られて恵まれた環境がいつまでも保障されているとは限りません。両親が病気や怪我をしたり、結婚相手が働けなくなったり、自分の体に予想外なことが起きたり、ボーナスが思ったよりも入らなかったり、会社から急に給料が支払われなくなったり、消費税が上がったり、いつ何が起こるかは誰にもわかりません。
大切な人を守るために、まずは自分自身を守る力をつけることが第一だと教わってきました。

私は、実家暮らしの方には、いち早く自立する力をつけるために「まずはひとり暮らしをしてみよう」と伝えています。

人が生活していくうえで最低限ともいえる「衣食住」を自分だけでまかなえるようになることが、後の人生においても大いに力になると感じるからです。

私自身、ひとり暮らしをすることで、いままで以上に親に感謝するようになりました。母と一緒に住んでいたときはケンカばかりの毎日だったのですが、実際に離れて暮らすことで、母に何でもやってもらっていたことに気づきました。

当時の私は、自分の生活をやりくりするだけで精一杯だったのに、母は母自身に加え、私を大学卒業まで送り出してくれたことを考えると、「早く恩返しをしたい！」と強く思うようになったのです。

このように、親元を離れて暮らすことは気づきの宝庫であり、自立するために最低限必要なことを学ぶことができます。

いま、ひとり暮らしをはじめるために貯金をしている方もいらっしゃるでしょう。**ポイントは、「お金が貯まったらひとり暮らしをする」のではなく、「ひとり暮らしをするためにお金をつくる」ということです。**

「時間ができたらダイエットをはじめよう」といってもなかなか踏ん切りがつかないように、期日を決めて具体的な行動を起こすことが大切です。

まずはひとり暮らしをはじめて、自立した女性としての第一歩を踏み出しましょう！

Point

いち早く、自立する力をつけよう

ひとりでがんばろうとしないで、お願い上手になろう

自分が欲しい結果をつくり出している人の真似をすれば、自分の欲しい未来に近づく、と恩師は教えてくださいました。

とはいっても、世の中で活躍する経営者たちは、特別な才能にあふれているように見え、本当に真似することができるのか少し不安に思っていました。

なぜなら私は、経営について知識も経験もなく、特別な才能もなかったからです。

しかし、大きな結果をつくるためには、知識や才能以上に大事なことがあることを、教わりました。

それは「お願い上手」になるということです。

人に頼みごとやお願いをするのが上手な人ほど、大きな結果をつくりやすい、と恩

師は言いました。
私は、結果をつくっている人は何でも自分でできる人だと思っており、誰かにお願いできることが大きな結果につながる、というイメージが湧きませんでした。
そこで恩師はこんなたとえ話をしてくれました。

校庭に石が100個落ちています。
石を1個拾うのに1秒かかるとしたら、
自分だけで石を拾いきるのに100秒かかります。
もし100人で拾うとしたら、何秒で拾いきれるでしょうか？

答えは……たった1秒で拾い終わりますよね。

ひとりでできることの幅を広げていくことも大事かもしれません。
しかし、結果をつくるために必要なことをすべて自分ひとりでできるようになるには、長い年月がかかることでしょう。

つまり、より早くより大きな結果をつくるためには、自分ひとりで必要なことを全部できるようになるのではなく、まわりの人の力を借りることも大事なのです。

「自分ひとりで何でもできるようにならなくちゃ！」と思っていましたが、恩師の話を聞いて、力を借りることだったら私にもできるかも、と思えました。

経営者の仕事は、人の得意を引き出すことです。

「自分の得意とまわりの人の得意を掛け合わせて、大きな結果をつくり出していくことが経営の醍醐《だいご》味《み》なんだよ」と教わりました。

そして、いつもまわりの人のおかげで仕事ができている私は本当に人に恵まれている、と話す恩師を見て、あらためてかっこいいなと思いました。

Point

まわりの人の力を借りることも大事

これからの時代の女性リーダーに必要な2つの要素

「経営者」と聞くと、どんな人柄を想像しますか？

恩師から学びはじめる前の私は、生徒会長をやっていたり、部活で部長を務めていたり、「私についてきて！」と、まわりをぐいぐい引っ張っていく人や、目立つタイプの人を想像していました。

しかし、恩師やほかの経営者の方々にお会いすると、たくさんの人が活躍できるように、縁の下の力持ちになっているような人が多いことに気づきました。

「たくさんの人の力を借りて仕事をしようと思ったら、まわりの人の声に耳を傾けたり、コミュニケーションをとってフラットな関係を築いたり、どうやったらそれぞれが目標を達成しやすいかな、と考えることが大事だと思っているよ」

と教わりました。

このような考え方は「サーバントリーダーシップ」とも呼ばれています。

ちなみに、「サーバントリーダーシップ」を身につけるために大事なポイントは2つあります。

① 聞き上手

経営者には「聞き上手」な人が多い、と恩師は言いました。

「話し上手」な人が多いイメージを抱いていた私にとっては意外でしたが、よく考えれば恩師との会話で「たしかにそうだな」と感じたことがありました。

「私も、気づいたらたくさん話してしまっていました！　私なんかの話を、どうしてそんなにじっくり聞いてくださるんですか？」

「ただあなたのことを知りたいと思っているだけだよ」

これだけ大きな結果をつくっているのに、私のことを知りたいと思ってくれるのはとても嬉しいと思いました。

② 共感力

共感が得られると、安心してどんどん話したくなってしまいませんか？

たとえば、友だち同士で会話をしていると、「わかる～！」と言い合うことはありますよね。

私も、彼氏の話やドラマの話など、とりとめのない話をしているときに、よく「わかる～」「そうだよね～」と、普段から相槌を打ちながら話をしていました。

「聞き上手」や「共感力」など、実生活のなかで意識せずにやっていることが、経営においても必要な力だと教わりました。

「経営者になるには、特別な能力が必要だと思っていました！　でも普段からやっていることが、じつは活かせるのですね」

「そうだよ。みんな経営者の素質を持っているよね」

この恩師の話を聞いたとき、遠い存在だと思っていた経営者を、身近に感じることができた瞬間でした。

Point

これからは「聞き上手」と「共感力」が大事

自分の通帳や印鑑を渡しても安心できる仲間をつくろう

早く結果をつくるために、恩師の考え方、行動、すべてを真似しようと決めた私は、経営者として恩師がどんなことを初めにやってきたのかを尋ねました。

恩師が最初にやったことは、経営の「チーム」をつくることでした。

「部活やスポーツでは、チームを組んで目標達成を目指すよね。経営や一般的な会社も同じように、チームで仕事をすることによって、より大きな結果をつくることにつながっているよ」

と教わりました。

チームをつくることが経営の第一歩だとは理解できました。では次に、どうやってチームの仲間を探していくのだろう……という疑問が浮かんできました。

「経営のチームをつくるということは、SNSやブログを使って仲間を見つけるというわけではないよ。

たしかに経営で成功している人はSNSのフォロワーが多いイメージがあるけれど、SNSのつながりだけで、いざというときに力になってくれるような信頼関係が築けるかというと、そうは言い切れないと思うんだよね。

私にとって仲間というのは信頼できる人のこと。具体的には、自分の通帳や印鑑を預けても大丈夫なくらい信頼している人のことだよ」

自分の交友関係を振り返ったときに、この話と同じくらい信頼関係が築けている人がどれくらいいるかといわれると、まったく自信がありませんでした。

「私はいま経営の世界でチャレンジしているけれど、この仲間とだったら、経営に限らず何をやってもきっとうまくいくし、面白いなと感じているよ。

世の中にはいろいろと商売があるけれど、私が経営者になって思うのは『何をやるか』ではなくて『誰とやるか』のほうが大事だということ。

人生において、一緒にがんばる仲間がいることが本当に財産だなって思うんだ」

心の底から信頼できる仲間と切磋琢磨できる恩師のような人生は、とても豊かだと思いました。私も信頼できる仲間とチームをつくるために、行動しようと決めたのです。

Point

信頼できる仲間が一生の財産！

Chapter 4

理想をすべて叶える女性が大事にしているお金の使い方

理想を全部取りする女性のお金のマインド

いまでこそ、女性が経済的に豊かになることが大事だとお伝えしている私ですが、じつは恩師に出会うまではロールモデルを見つけられず、やりたいこともなく、「専業主婦になるのもありかもなぁ」と思っていた時期がありました。

「大手企業に勤める旦那さんと結婚すれば、その稼ぎでなんとかなるだろう！」と心のどこかで思っていたのです。


しかし、結婚を決めたとき、お金について真面目に考えるようになったきっかけがありました。

それは、とあるファイナンシャルプランナーの方に、結婚後の家計について相談したことです。

そのときに衝撃を受けたのが、「もし奥さんが専業主婦になられたら、旦那さんの収入で養えるのは子どもひとりまでですね」という言葉でした。

「えっ、子どもはたったひとりしか育てられないの!?」

大手企業で働く夫の収入でも、妻ひとり、子ひとりを養うのがやっとという現実は、そのとき思ってもいなかったのです。

できたら子どもは2人がいいなと考えていましたし、教育にもお金をかけたい、自分自身の美容と健康にもお金をかけたい、家族で海外旅行にも行きたい！　でも専業主婦の状態では、そんな生活は無理なのだと早々に気づきました。

「旦那さんの稼ぎで、なんとかなる！」と思っていた私が、自分でもちゃんとお金のことを考えよう、と向き合うきっかけになったのです。

これは私が24歳のときの話なので、いまの社会ではもっと厳しくなっているかもしれませんね。

Chapter1で書いた「豊かさの指標」をもう一度思い出してみましょう。

お金、健康、時間、仲間、どれも豊かな人生を送るためには大切な要素です。

お金がないことを理由に何かをあきらめる、そんな人生は嫌ですよね？

お金さえあれば人生うまくいく、とは言い切れませんが、お金があることで人生の選択肢は確実に広がります。


もしかしたら、これまでお金の話をあまりしてこなかった方もいるかもしれません。

お金の話をすることがタブーだと思っていたり、いやらしいと感じたりする人も、なかにはいるかもしれません。

しかし、私が声を大にして言いたいのは、大切な人や、大切なものを守るためには、お金が必要だということです。

自立した女性として、お金についてもきちんと向き合い、大切にしていきましょう。

Point

理想を手にする女性は、お金ともしっかり向き合っている

いまのお金の使い方が、10年後の未来の姿を決める

「お金と向き合うって、具体的にどういうことなんだろう？」

恩師から学びはじめる前の私は、将来を見据《みす》えて、まずはお金を貯めることが大事なのかな？　とぼんやり思っていました。

しかし、教わったのは、お金を貯めることではなく、お金をどう使うのかということでした。

具体的には、3種類あるお金の使い方を意識することを最初に学びました。

① 消費：生活していくうえで必要な支出

家賃や食費、光熱費、携帯電話料金、交通費、日用品の購入など、生活するうえで

必要なお金を意味します。

②　浪費：必要のない支出、無駄遣い

衝動買いしてタンスの肥やしになっている洋服、行きたくないのに参加する飲み会など、「必要なかった」と後悔する場合は「浪費」に当てはまるでしょう。

③　投資：将来の自分に利益をもたらす支出

本の購入や資格取得の勉強、健康を維持するための食事やジムの会員費など、自分の将来を明るくするために、自分磨きにかけるお金ともいえます。

人生を豊かにするためには、自分の欲しい未来に対して「投資」していくことが大事だと教わりました。

試しに振り返ってみた私のお金の使い方は、次のようなものでした。

①　消費：「食費はもちろん、家賃や光熱費、携帯代も必要。お金の大半は生活のた

めに使っているなぁ」

② 浪費：「断れなくて行く二次会の飲み代、衝動買いしたバッグや、長く着ると思っていたけど結局お蔵入りしたワンピース……書ききれません（笑）」

③ 投資：「将来のためにかけているお金かぁ……読書も投資のひとつかな？」

あらためて、お金の使い方についてあまり意識してこなかったことに気づいた私は、どのように投資をしていけばいいのか恩師に尋ねてみました。

「投資と聞くと、株式や不動産を想像する人がいるけれど、私が思う一番の投資は自分自身に対する投資、つまり自己投資だよ。あなたは、欲しい未来に対して、いま何か具体的にしていることはある？」

正直、具体的に何かしているかと言われると、胸を張って恩師に言えることは何もありませんでした。

「たとえば自己投資といって資格を取ったり、語学の勉強をしたり、習いごとをしたりする人もいるけれども、私の場合は経営者になると決めたから、経営者として必要なことを学ぶためにお金をかけてきたんだよね。もっと言うと、お金だけではなくて、自分の時間や労力もすべて、そのために使ってきたよ」

「なるほど！」

「いまのお金や時間の使い方を見ると、10年後の未来がわかるよ。逆に言うと10年後の未来を変えたければ、いまのお金や時間の使い方を変えるといいよね」

当時、恩師から勧められた自己投資のひとつが「読書」でした。

「20代のときの読書量で人生が決まる」とも教わり、これまで以上に読書をするようになりました。先人の貴重な経験を1000円から2000円ほどで学ぶことができ、リターンの大きい自己投資のひとつだと言えるでしょう。

自己投資にお金を使うことは大切ですが、自分だけの判断でやみくもにお金を使っては、意味がありません。自分の将来に効果的な使い方をすることが大事です。

私は欲しい未来のために自己投資をしていくことを決め、恩師が具体的にどこにどのようなお金の使い方をしてきたのかを聞いて、実践してきました。

この人から学ぶと決めた人に、お金の使い方やどんな自己投資が効果的かも学んでいきましょう。

Point

最高の投資は「自己投資」

自分がされて嬉しいお金の使い方を、人にもしよう

私が大事にしているのは、**ご縁があって知り合った方や仲間、大切な人のためにお金を使う**ということです。

ご縁があって出会ったのであれば、いい関係を築いていきたいですし、だからこそ、人にされて嬉しいことをまず自分がやろう、と心がけています。

たとえば、美容室は神戸の担当の方と決めていました。大阪にいた学生時代からお世話になり、就職で上京してからも通い続け、それは担当の方が海外に行ってしまうまで、ずっと続けました。

お気に入りのファッションブランドでは、各地に店舗がありますが、大阪のとある店舗にいる担当の方から買うことを決めています。

恩師から、次のようなエピソードを聞いたことがあります。

事業を立ち上げたばかりのころ、最初から順調だった訳ではなく、資金繰りがギリギリの状態で、経済的にかなり厳しい暮らしをしていたそうです。

一般的には娯楽などにお金を使う同世代が多いなか、恩師は食費を削ったり、日々のお金を最低限に抑えて節約をしながら、一方で自分の学びになる機会のためには必要経費だと思ってお金をかけていたそうです。

ある日、先輩経営者の方に誘っていただき、何人かで食事をしながらミーティングをすることになったときのこと。

学びのためにはもちろん参加しようと思ってきたものの、じつは財布の中身がほとんど空で、注文したくてもできない状態でした。

ほかの方々が次々と注文していくなかで、「一番安いメニューはなんだろう……」と考えていたところ、先輩経営者の方が急に「あれとこれもそれも！」と、こんなに食べられるのかな？　という量を追加で注文されました。

そして、少し食べてから「もうお腹いっぱいだ～。食べられる？」と、先輩経営者の方は恩師に尋ねました。

お金がなくて注文できずにいることを察して、でもそれが周囲に知られないように、気を遣って恩師に残してくれたのでした。

この話を恩師は、まるでつい先日のことのように、目に涙を浮かべながら語ってくれました。

「そのときの先輩の心遣いが嬉しくて、私も、同じように本気でがんばっている人を応援したくなっちゃうんだよね。

明らかに無理してでも、言われたことは全部やろうと全力でやっている人なんかは、昔の自分と重なって、とくに力になれたらって思ってるよ」

そして、お金がないときに支えてくれた先輩へのご恩は一生忘れないと決め、先輩のためなら何でもやろうと決めているそうです。

初めてその話を聞いたとき、私もこんな生き方をしていこうと決めました。

恩師に何かお願いごとをされたときは、もちろん喜んでそれをやりますし、常に先回りをして、恩師が仕事をしやすいように自分にできることは何でもやろうと心がけています。

どうせ食事をするなら恩師の経営する飲食店に足を運びますし、自分が使う物も極力恩師のお店で買うようにしています。これらのことはほんの一部ですが、一生かけて恩返しをしていこうと決めています。

本来ならば、教えていただくコンサル料としてお金を支払いたいところなのですが、恩師はお金に困っていません。

「私はお金に困っていないから、あなたのその気持ちは、これからがんばる人たちのために使ってあげて」と言われ、恩返しではなく〝恩送り〟をするようにしています。

だからこそ、若くしてチャレンジしている人は応援したいなと思いますし、私の経験が何か力になるならと思い、話をさせていただくことも多いです。

これは恩師に限らず、一緒にがんばる仲間に対しても同様です。**起きてほしくはありませんが、もしも仲間に何かあった際には、必ず私が支えるとも決めています。**

私がたくさんの方々から支えていただき、いまの状態を実現してきたように、自分が誰かを応援することで前向きにチャレンジする人が増えればいいな、と思っています。

Point

応援すると、応援で返ってくる

Chapter 5

仕事も恋もうまくいく女性の人との関わり方

人生を変えるチャンスは、必ず人が運んでくる

私が経営者となった経緯をお話しすると、恩師との出会いについてよくこんなことを言われます。

「よくそんな奇跡みたいなチャンスに恵まれましたね！」

たしかに恩師との出会いがなければ、いまの自分はありません。そう考えると、この出会いは奇跡的なチャンスだったのだと思います。

では、人生が大激変するようなチャンスは、偶然訪れるものなのでしょうか。

私は、「誰にでもチャンスはあります！」と断言します。

恩師と出会ったのは、過労で倒れた経験をしたばかりのときでした。

その当時の私は、「このままの働き方を繰り返してばかりじゃいけない、でもどうしたらよいのかわからない」という思いを強く感じていました。

モヤモヤした気持ちを抱えた私は、何かヒントになればと、友人たちから話を聞く機会を多くつくりました。恩師とは、その友人とのつながりで出会えたのです。

初めて会ったとき、こんなに自立してかっこいい女性がいるのかと衝撃を受けました。そして、「この出会いを逃したら、もう二度と私にこんなチャンスは来ないかもしれない！　いまチャンスを掴まなければ！」と思ったのです。

もし「私には人生が大激変するようなチャンスは訪れたことがない」と思っている人がいたとしたら、それはあなたが目の前に訪れたチャンスに気づいていなかっただけかもしれません。

たとえば、ドライブに出かけた2人組がいたとしましょう。

ひとりは車を運転しながら、ガソリンスタンドを探しています。助手席に座ったもうひとりは、トイレに行きたいなぁと考えてコンビニの看板を探しています。

この2人は同じ場所にいて同じ景色を見ていますが、目に映る景色から得る情報はまったく違います。

この話のように、**同じ物事でも、誰かにとってはチャンスに映り、誰かにとってはチャンスと映らないこともあり得ます。**

つまり、チャンスを求めてアンテナを張っている人には、チャンスが目に入るようになるのです。ロールモデルとなる人を強く求めていた私は、チャンスに気づくことができたのだと思います。

恩師から学ぶことを決めたいきさつを話すと、そのスピード感に驚かれることもあります。

私自身、当時知り合って間もない相手から学ぶことに、何の疑問もなかったわけではありません。

出会ったばかりの私に真剣に向き合ってくださることをありがたく思う一方で、「なぜこんなに私のために時間を割いて、親身になってくれるのだろう？」という疑問も感じていました。

当時の恩師はすでに経営者として活躍しており、お金も経験も実績もない私と過ごす時間が、恩師の役に立つとは思えませんでした。

失礼かとは思いましたが、直接疑問をぶつけてみました。

すると恩師は、

「私がしてきてもらって嬉しかったことを、私もしているだけだよ」

と答えてくださいました。

「会社員だったころ、現状を変えるきっかけをずっと探していて、そんなときに私も人との出会いで経営者の道を目指すことにしたんだ。その方からたくさん学ばせていただいて、欲しい結果をつくることができて、本当によかったんだよね。だから私も誰かにとって何かのきっかけになれたらいいなと思っているんだ」

その様子を見て、この人は言葉だけじゃなく、心の底から本当にそう思っているんだ、見返りを求めていないんだ、というのが雰囲気から伝わってきました。

私自身は、人によくするときに何か見返りを求めることが多かったので、きっと恩師も同じ考え方なのだと思い込んでしまっていたのかもしれません。

あまりにも捉え方が違うことに驚くとともに、自分の未熟さに恥ずかしくなってしまいました。この質問を通じて、恩師の愛情深さの背景を知ることができ、よかったと思っています。

チャンスの神様には前髪しかない、という言葉があります。チャンスが訪れたとき、どうしようかと考えている間に、せっかくのチャンスは通り過ぎて行ってしまいます。後ろ髪のない神様は、掴まえて引き止めることもできないのです。

恩師は当時の私にとって、まさに人生を変える「チャンスの神様」でした。

もし私が足を止めていたとしたら、このご縁はあっという間に切れてしまっていたと思います。

チャンスが目の前に現れた瞬間に、すぐに掴むことも大切です。

私は恩師から「チャンスは人が運んでくる」とも教わり、その通りだと確信しています。家のなかでじっとしていても人生には何の変化もありません。人と出会い、関係を築いていくなかで、チャンスは訪れるものだと思います。

家族や幼なじみ、学校の同級生、仕事仲間、友人の紹介で出会った人、ひょんなきっかけで仲よくなった人など、いろいろな出会いがあることでしょう。

およそ77億人以上が世界にいるなかで、同じ時間を共有できる人に出会えたことを当たり前のことだと思うのは、少し残念な気がします。

誰かひとりと出会うということは、奇跡的な確率なのです。

恩師と出会ったことで、私の人生は大激変しました。

いま思うと、恩師との間をつないでくれた友人が、チャンスを運んできてくれたのだと思います。

あなたはもう、まわりの人からチャンスを運んでもらっているかもしれません。それは、この本をあなたに紹介してくれた人だったりするかもしれませんね。

Point

人とのご縁を大切にしよう

自分の決断を後押ししてくれる人と一緒にいよう

「あなたが普段一緒にいる人は、理想の結果をつくるのに効果的な人ですか？」


これは、経営の道に進むと決めてからずっと大事にしてきたことです。

なぜなら私自身、世の中で少数派の道を選んだことで、何度も強い向かい風にあったからです。

実際、私が将来のためにがんばりはじめたとき、それを知った一部の人から反対されました。とくに家族や彼氏・親友、職場の先輩など、身近な人からの風当たりが強かったように思います。

「経営者になるなんて無理」「うまくいくはずがない」「向いていない」「あなたには

できない」「いまのままで十分」「あやしい」「騙されている」「やめたほうがいい」「せっかくいい学歴があって、大手企業に入ったのに……」など、挙げたらキリがないほど、目指しはじめた直後は反対意見を言われたり、足を引っ張るようなことをたくさん言われたりしました。

いまでこそ笑い話ですが、当時は母親にもかなり反対されました。

私が経営の道を歩むと決めた理由のひとつが親孝行をするためだったので、もちろん母も応援してくれるだろうと思っていました。

しかし、母は応援どころか心配がゆえに強く反対し、激しいケンカになったことをいまでも覚えています。

私自身も母親になって、当時の母の気持ちがわかるようになったのですが、親は子どもをつい心配してしまうものなのかもしれません。

私のように、心配から反対されることもあるかもしれないので、**何か新しいことにチャレンジするときには、目に見える結果をつくってからお話しされることをおすすめします。**

こういう話をすると、親に相談したい、大事なことほど親に話したいという方もまれにいます。しかし大切な相手であるからこそ、相手が受け入れやすいタイミングで伝えることも、相手に対する思いやりだと私は思います。

なぜ、私自身がさまざまな反対意見を乗り越えられたのかというと、まず学ぶと決めた人に相談したからです。

さらに、自分が得たい理想の結果をつくっている人や、同じ志を持った仲間と常に一緒にいたからでした。

目的地がハワイなのか沖縄なのかによって、乗り物も方向も変わってきます。目標を決めることで、一緒にいる人が変わるのは必然的なことだと思います。

新しいことにチャレンジすると、これまで仲のよかった友人からは「つき合いが悪くなった」と言われることもあるかもしれません。

しかし、小学校や中学校、高校に進学するたびに仲のいい友人が変わってきたように、環境が変わるとつき合う人が変わるというのは、これまでも経験してきていることだと思います。

なかなか会えなくなったとしても、お互いの夢や、がんばっていることを応援し合える仲こそ、本当の友情と言えるのではないでしょうか。

私自身は、経営者を目指すなかで新たな人間関係を築いてきました。これから先の長い人生には、想像以上の素敵な出会いがたくさん待っていますよ。

Point

新しいチャレンジに反対意見はつきもの。欲しい結果をつくっている人からのアドバイスを大事にしよう！

「いい恋愛」の3つの秘訣とは？

あなたは「いい恋愛」をしていますか？
あなたはあなた自身の恋愛をどう思っていますか？

いま「いい恋愛ができている！」と自信をもって言える方は、ぜひそのまま、その「いい恋愛」を継続してくださいね。
一方で、はっきり「いい恋愛をしている！」と言えるほどの自信がない方、この項目を読んで、これから「いい恋愛」をしていきましょう。

私はよく恋愛相談を受けるのですが、自分の恋愛についてどう思う？　と聞くと、時々こんな回答を聞くことがあります。

・相手に尽くしすぎちゃう
・頼まれたら断れない
・好きじゃない人に好かれる
・ダメ男に好かれる……etc.

このような悩みをお持ちの方ほど、相手にどう思われるかを気にしすぎているように思います。気にしすぎてしまった結果、好きな人との関係が長続きせず、恋愛で自信を失くしてしまう人も多いようです。

大好きなこの人に嫌われたくない！　という気持ちもとてもよくわかるのですが、その前に一番大事にするべきはあなた自身です。

あなたにとって「いい恋愛」とはどんな恋愛でしょうか？　具体的に、パートナーとどんな関係でいたいか、あなたのイメージは明確でしょうか？

私のまわりには、素敵だなぁと思うカップルはたくさんいるのですが、そうしたカップルには3つの共通点があると思っています。

まず、お互いが自立していること。

どちらかが経済的にも精神的にも依存していると、長期的にいい関係は築きにくいと思います。どちらも経済的にも精神的にも自立しているからこそ、お互いを尊重し合うことができ、時間をかけて2人の関係を成長、発展させていくことができるのです。

何かに依存している状態では、成長や発展は見込めません。経済的にも精神的にも自立していると思うカップルは、本人たち自身も、2人の関係も本当に素敵です。

次に、等身大の自分で勝負すること。

「もっと料理がうまくて、家庭的だと思われたらつき合えるかな」
「あの人の好みに合う自分にならないと、つき合えないかも」
などと、自分が足りていないもの、できていないことに目を向けてしまっていませんか？　ずっと自分のできていないところばかり見ていると、疲れてしまいます。長い人生を一緒に過ごすのに、ずっとがんばり続けて、張り詰めた状態が果たして幸せな状態なのでしょうか。

取り繕ったり相手に合わせて自分をつくるのではなく、いまの等身大のあなた自身で向き合うことが大切です。

最後に、見返りを求めないこと。

「私がこんなに尽くしているのに、なんで好きになってくれないのだろう」と思ったことがある方は多いかもしれません。

もしそう思ったのだとしたら、その人との関係は「いい恋愛」ではない確率が高いです。

その人自身が好きなのではなくて、自分に優しくしてくれるから好きなだけであって、それは本当の愛情ではないからです。

このように自分を満たすために相手からのお返しを求めることは、「見返り」を求めているといえます。

見返りばかり求めてくる人と、あなたはずっと一緒にいたいと思いますか？
本当に安らげる関係とは、見返りを求めずお互いを無条件に受け入れ、尊敬し合える関係だと思います。

最初の話に戻りますが、そもそも「いい恋愛」かどうかは、誰かの評価を気にして決まることでも、誰かが決めるものでもありません。
あなた自身がいい恋愛だと思っているかどうか、が大事だと思います。

経済的にも精神的にも自立した等身大の自分で勝負して、大切な人といい関係を築いていきましょう。

Point
自立した者同士が「いい恋愛」ができる

お礼は3回しよう

日常生活のなかで、つい「当たり前」になってしまっていることはありませんか？

たとえば、待ち合わせの時間について。
会社の打ち合わせや目上の人との約束では、時間に余裕をもって待ち合わせ場所に到着するのに対し、仲のいい友人との約束では、つい遅れてしまうことはありませんか？

「5分くらいなら、まあいいか」「これくらいなら許されるかな」と、つき合いの長い相手ほど甘えてしまい、時間をはじめ、さまざまなことにルーズになってしまう人もいるかもしれません。
親しくなることはとても大切なことですが、誰かと時間を共有するということは、他人の時間を使うということ、**すなわち遅刻するということは、他人の時間を奪うことと同じです。**

同時に、私は「『感謝』の反対は『当たり前』」ということを教わってきました。

たとえば毎日使っている携帯電話。

家に忘れてきてしまった日には、落ち着きませんよね。そういう日に限って、携帯電話を使わなければならない用事があったりしませんか？　当たり前のものがなくなると、そのときにあらためてありがたみを感じるものです。

このように、人間関係に関しても、当たり前にならず、感謝の心を持ち続けたいですね。

恩師は、何か人にお世話になったときには、次のように最低3回はお礼をすることを徹底しているそうです。

①　その場でお礼を伝える

② 別れた後すぐにお礼の連絡をする

③ 再度お会いしたときにも、そのときのお礼をあらためて伝える

当時は率直に「すごくマメな方だなぁ」と思ったのですが、そのマメさこそが多くの人から応援される理由で、だからこそ、いち早く結果をつくることができたのだと思います。

その恩師の姿を見て、私自身も感謝の気持ちを大事にしてきました。

私と同じように学んでいる人もたくさんいるなかで、恩師の立場にたって考えてみると、私だったらやはり感謝の気持ちを大事にしている人をサポートしたいだろうなと思ったからです。

かくいう私も完璧ではありません。

ですから、夜寝る前に携帯電話のアラームで「今日お礼すべき人にお礼をしましたか?」というメッセージが来るように設定しています。

毎日の出来事を振り返り、お世話になった人には、その日のうちに感謝の気持ちを伝えることを大事にしています。

身近な人ほど、素直に感謝を伝えることが恥ずかしい、と感じる気持ちもわかりますが、しっかり言葉や姿勢で相手に伝えることが大切です。**思っているだけでは、感謝の気持ちがないことと同じになってしまいますからね。**

いまの状況が決して当たり前ではないということに感謝をし、そして誰かに何かをしていただいたときには、きちんと感謝を伝えることを意識し続けて、共に魅力的な女性となっていきましょう！

Point

「感謝」の反対は「当たり前」

Chapter 6

後悔しない女性の考え方・価値観

結果が出るまで、やるべきことをやり続けよう

理想の結果を手に入れる秘訣は、すでにどこかで耳にしたり、目にしたりしていると思います。それは、

「誰でもできることを誰もができないくらいやる。それをやり続ける」

ということです。

私は恩師から、**「結果をつくりたければ少なくとも3～5年は泥臭く学ぼう」**と言われてきました。これは勉強やスポーツ、音楽など、これまであなたが経験してきたことでも、共通のことが言えると思います。

私はバレーボール部に所属していましたが、もちろん入部初日から試合に出られたわけではなく、1年目・2年目は基礎を身につける練習がほとんどでした。

基礎練習は正直地味で、つらいと感じることのほうが多かったのですが、レギュラーになって試合に出はじめたときに、これまで継続してきた基礎の力が発揮されるのを体感できました。

元メジャーリーガーのイチロー選手も、引退するまで素振りなどの基礎的な練習メニューを欠かさずやっていたことは有名な話です。

大事なことは基礎基本を徹底し、それを継続することです。

逆に言うと、うまくいかない人の特徴は、すぐにほかの方法に手を出したり、本来決めたはずの目的・目標から目をそらしすぐにあきらめてしまったり、先延ばしにしたりする人です。

何も結果が出ていないうちから、「この方法だからうまくいかないのではないか」「自分にはもともと向いていなかった」などと言う人は、結局、大事な基礎基本をないがしろにして、うまくいかない理由を、やり方のせいにしてしまっているのかもしれません。

ちなみに私は、24歳当時、会社でがんばっていましたが、視野を広げた結果、経営者としての道を歩むことに決めました。

そのときに社会人としてまだ一人前でもないのに経営の道を目指してもいいのだろうか、と葛藤したのも事実です。

ですが、せっかく努力をするのであれば、欲しい結果が手に入るがんばり方をすることに決め、経営の道を歩みはじめることにしました。

早く結果をつくろうと思うなら、早くはじめて、たくさん経験を積むことが必要なのは、スポーツでも仕事でも同様です。

ひとつの道で一流の結果をつくろうと思ったら、少なくとも1万時間が必要と言われています。まだ求める結果を手に入れていないのだとしたら、これからさらに時間をかける必要があるのだと思います。

逃げるのは目標ではなく、いつも自分自身です。

私も、うまくいくときとうまくいかないときがありますが、いまでもうまくいかないときは必ず基礎基本に立ち返っています。恩師からも「大事なことはすべて基礎基本に詰まっている」と教わってきました。

基礎基本は簡単なことではなく、大事なことです。それを日々実践し続けることで、結果が大きく変わると信じています。

あなたの本当に成し遂げたい目的・目標は何ですか？　欲しい未来が手に入るまで、基礎基本をとことん継続しましょう！

Point

うまくいかなくなったら、基礎基本に立ち返ろう

人や環境に依存せず、自分のことは自分で幸せにしよう

「〇〇できたら、私の人生幸せ！」

あなたの場合、この〇〇にどんな言葉を入れますか？

素敵な相手と結婚できたら、希望の会社に就職できたら、あこがれの海外で生活できたら、お金持ちになったら……。

考えてみてください。本当にそうでしょうか？

結婚や就職先の会社、住んでいる場所、収入によって、自分の幸せが左右されるのでしょうか。

とはいえ私も、20代のころは会社の同僚や友人たちと、「玉《たま》の輿《こし》に乗れたら幸せ」

「専業主婦になれたら幸せ」というように、「〇〇だったら幸せ」という会話をたくさんしてきました。

当時は「何かいいことないかなぁ」というのが口癖で、まるで白馬の王子様を待っているかのように、まわりの環境や自分以外の人が「私のことを幸せにしてくれる」と期待していました。

しかし恩師からは、「自分のことは自分で幸せにしよう」と言われたのです。

当時はいい会社に入ったら幸せになれる、と思っていましたが、会社も経営状況は変わりますし、大手企業でも安定が保証されている訳ではありません。

また、いいパートナーを見つけて結婚したら幸せになれるとも思っていましたが、パートナーとのいい関係性がいつまで続くか保証はありません。

お金はもちろん必要だけれど、お金持ちになれば幸せかというと、そうとも言い切れないと思いました。

そこで私は初めて、自分のことは自分で幸せにする必要がある、と気づくことができました。

同時に、あきらめることがいちばん簡単だとも教わりました。

「不幸になるほうが簡単。幸せになるには努力と覚悟が必要だよ」

世の中は絶えず変化し続けているから、自分が変化を恐れて何もしないことは、衰退していくことと同じです。

この本を読んでいるあなたが、これから先の人生でいちばん長くつき合い続けていくのは、ほかでもないあなた自身です。

誰かに依存したり、まわりの状況に左右されるのではなく、自分の幸せを自分で手に入れるために努力を積み重ねていきましょう。

Point

幸せになるには努力と覚悟が必要

「人との約束」を守ろう

仕事だけではなく、恋愛や友情、家族との人間関係も含めた自分の人生において、人との関わりは必ず生じるものです。よりよい人生にするために、あらゆる人と固い信頼関係を築いていきたいですよね。

そのために、私が大事にしていることは「人との約束を守る」ということです。

「信頼とは、人との約束を守り続けることで得られるもの。
だから、人との約束を守り続ければ続けるほど、信頼の残高として、自分に蓄えられるんだよ。
そして、その信頼の残高と実際の預金残高って、じつは連動しているんだよね」

と教わりました。
この話を聞いて、私はドキッとしました。
もし「自分の預金口座に十分なお金がない」状態だとしたら、それはじつは「人との約束を守れていない」ことと同じ
信頼関係を十分に築けていない」、つまり「人との約束を守れていない」ことと同じだと気づかされたからです。

たとえば、人との約束で一番わかりやすいのは、時間を守るということです。

①　いつも余裕を持って商談にくる人
②　いつも時間ギリギリにくる人
③　いつも約束の時間に遅れてくる人

あなたが取引先だとしたら、どの人と取引したいと思いますか？
当たり前のことですが、信頼関係は目に見えません。

そして、人と出会った瞬間にいきなり信頼関係が築かれることはなく、さらに目に見えないからこそ、一つひとつお互いが約束を守ることで築きあげられていくものです。

最初、自分と相手との間には、細くてすぐに切れてしまいそうな、か弱い糸のようなものがあると想像してみてください。

そこから一つひとつお互いが約束を守るごとに、細い糸が一本ずつ重なり紡がれて、やがて太くて頑丈な縄になっていくようなイメージで信頼関係は築かれるのです。

「繁栄は友をつくり、逆境は友を試す」

もしかしたら聞いたことがあるかもしれませんが、この言葉は私が経営者としての道を歩みながら、実体験を通して学んできたことです。

何事もうまくいっている、いわゆる「繁栄」の時期には、その実績や結果を見て、人が自ずと集まってくるので、多くの仲間をつくることができるでしょう。

しかし、長い人生のなかには「逆境」の時期が必ずあります。

「繁栄」から「逆境」に転じたとき、本当に信頼でつながった関係を築いてきたかどうかが試されるのです。

「逆境」の時期にこそ救いの手を差し伸べてくれる人や、うわべの結果やステータスだけが理由ではなく、自分の人柄や人間性を見て信じてくれる人こそ、本当にかけがえのない仲間です。

先ほど述べた、太くて頑丈な縄のような信頼関係は、共に「逆境」を乗り越えるなかでつくられるのだと私は断言できます。

実際、思うように結果が出ず、私が苦しかったときに助けてくれた方々や、ついてきてくれた仲間には、本当に感謝しています。

そして、もし逆にその方々に「逆境」の時期が訪れたとしたら、真っ先に駆けつけて、私がしてきてもらった以上のことをお返ししようと決めています。

この、お互いの「逆境」の時期にこそ共に乗り越える仲間でいることも、私にとっては「人との約束を守る」ことだと思っています。

このように、人との約束を守り続けた結果築かれる信頼関係が、理想を叶える女性になるために大事なことだと言えるでしょう。

仕事も恋愛も友情も、家族との関係も、すべてを望んだものにするために、人との約束を守り続けましょう。

Point

信頼関係の糸を紡ごう

「自分との約束」を守ろう

「がんばっていきたい気持ちはあるんです！　でも自信がなくて……」

日々、私のもとにはさまざまな悩みを抱えた方がいらっしゃいます。
そのなかでよく耳にするのが、「自信がない」という言葉です。
もし「自信がない」という理由で、目の前にあるチャンスを掴まなかったり、新しいチャレンジをあきらめてしまっているのだとしたら、本当にもったいないと思います。なぜなら、自信はこれからのあなたの行動次第で、いくらでも身につけられるからです。

私がまだ駆け出しのころ、恩師はこんな話をしてくださいました。

「太陽が明日の朝、東の空から昇ることに、あなたは1億円かけられる？」

なんでこんな当たり前のことを聞くんだろうと思い、少し戸惑いながら、

「……はい、かけられます」

と私は答えました。生まれたときから今日までずっと、太陽が東の空から昇らない日はなかったからです。

「じゃあ、あなた自身が経営者として結果をつくることに、1億円かけられる？」

と恩師はさらに尋ねました。

「……」

私は答えることができませんでした。

「毎日太陽が必ず東の空から昇るのは、必ずそうなることがすでに決まっているってことだよね。それと同じくらい、自分は絶対に経営者として結果をつくれると言い切れるかどうかが、とても大事だよ。

自信とは、自分を信じる力のこと。そして自分を信じる力は、自分との約束を守り続けることで、いまからでも身につけることができるんだよ」

と教わりました。

「今日から毎日これをやろう」と自分と約束した経験が、あなたにもあると思います。その自分との約束を、昨日もやった、今日もやった、明日もやった……と繰り返すことで、「私はできる」という自信が自分のなかに少しずつ蓄えられていきます。

逆に、「今日から毎日これをやろう」と自分と約束したことに対して、昨日もできなかった、今日もできなかった……を繰り返していくと、「私には無理かもしれない」と自分を信じられなくなってしまうのです。

「私はできる」と「私には無理」、あなたはどちらの自分になりたいですか？

もちろん、「私はできる」ですよね。

「私はできる」という自信を蓄えていくときにポイントとなるのは、自分との約束の内容を、ささいなことでいいので毎日やり続けることです。

「毎日決めた時間に起きよう」「欠かさず日記を書こう」「10ページ本を読もう」「筋トレを30分やろう」「毎日ちゃんとメイクを落として寝よう（笑）」など、自分のために日々やったほうがいいなと思っている、ささいなことからはじめてみましょう。

それをまずは3日、その次は3週間と、近い目標設定で続けてみるのです。

そうして3か月くらい経つころには、継続は力なり、という古くからある言葉の意味を体感するはずです。

自分と約束したことを継続しようとしたときに教わったのは、**意志は弱い、でも仕組みは強い**、ということでした。

「よし、これをやろう！」という思いや決意だけでは弱いのです。

もちろん、人によってやる気や意志の強弱の程度に違いはありますが、もし人類みな意志ひとつで、すべて抜かりなく実践できるのだとしたら、世の中すべての人がすでに欲しい結果を手にしていることでしょう。

ですから、自分のやる気や意志とは関係なく、強制的にやらざるを得ない状況をつくり出す仕組みを先に設定するといいでしょう。

たとえば私は、筋トレやボディメイクに集中したいときは、気持ちが上がっているときに必ず次のレッスンを予約する、誰かと一緒にする約束をして行かざるを得ない状況をつくる、などしています。

と言いつつ、私も最初のころは「あー忘れちゃった！」「時間に遅れちゃった」など、なかなか完璧にはできませんでした。

でも、そんなときも必要以上に凹むことはありません。完璧にやることが目的なのではなく、できたことに目を向けて「小さな成功体験」を積み重ねることが、とても大切です。

先ほど述べたお悩み相談で「自信がないからできない」という言葉を聞くたびに、私は「自信がないからこそやるんだよ！」とお答えしています。

いま自信がないからといって、それを足を止める理由にしていては、何もはじまりませんから。

今日のこの1日から、毎日自分との小さな約束を守り続けて、あなたの頭を「私はできる」という確信で埋め尽くしてしまいましょう！

Point

「自信」とは「自分との約束」を守り続けて、にじみ出てくるもの

ワーク

あなたの「自分との小さな約束」を
思いつく限り書き出してみましょう。

例）

・毎日決めた時間に起きよう

・10ページ本を読もう

・筋トレを30分やろう

「人生」という映画の主演女優であろう

あなたには好きな映画はありますか？
どのような映画に感動したり、心を動かされたりしますか？
たとえば、こんな映画があったらどうでしょうか？

平凡な毎日を送っていた主人公が、
ある日急に新しいチャレンジをしようと思い立ち、
何の躊躇もなく行動し、何の苦労もなく幸運に恵まれ、
家族にも仲間にも愛され応援され、気づいたら何もかもうまくいっていた！
ラッキー！　ハッピー！　ジ・エンド。

この映画に感動があるでしょうか？　ないですよね。

きっとあなたが好きな映画や、実際いろいろな人に感動を与える映画は、

主人公が自分の気持ちに素直になれなかったり……

チャンスに恵まれない不遇のときを耐え忍んだり……

自分の未熟さで人を傷つけてしまったり……

信頼していた友だちと仲たがいしたり……

夢をあきらめてしまいそうになったり……

家族や大切な人から批難されたり……

何らかの障害に遭遇するシーンが含まれているものが多いのではないでしょうか。

そんな障害に挑み、時に苦しみながらも、なんとか乗り越えていく主人公の姿に自分を投影して、人は感動するのだと思います。

あなたは、これからご自身が経営者として活躍していくプロセスを、まさか「何の

苦労もなく、気づいたら何もかもうまくいっていた！」と想像していたりはしないですよね？

「成功という山を、近くに寄って見てみると、失敗という小さな石ころでできている」という言葉がありますが、本当にその通りだと思います。

いまの私の実績や結果、ライフスタイルを見て「うらやましい」「あこがれる」「理想です」「私もそうなりたい！」と言ってくださる方が多くいるのは、とてもありがたいことです。

ですが、華々しく見える結果の背景に必ずある苦労や逆境や失敗がどのようなものだったか、そしてそれをどのように乗り越えてきたのかにこそ、人生の醍醐味があると私は感じています。

人生は、障害や逆境、失敗があってこそ面白くなるものです。

障害にぶち当たっているその当時は、泣きながら「もう無理かも」とあきらめそうになります。そんな経験は一度や二度ではありません。

しかし、その苦労話はいまとなってはすべてが笑い話です。当時は本当にきつかったのですが、理想を手に入れたあとには、美味しいお酒のつまみになりますよ。何よりも逆境や失敗を乗り越えた経験がある人ほど、人間的厚みがあって魅力的だと思います。

感動する映画ほど障害に遭遇して苦労するシーンがあると言いましたが、かといって、主人公が苦労して失敗するシーンだけで映画が終わっていたとしたら、「あれ？」となると思います。

あなたの人生が、そのまま映画になることを想像してみましょう。

あなたはその映画の主演女優でもあり、同時に映画監督でもあるのです。

どんなストーリーの映画にしますか？

主人公にどんな苦労を経験させ、どのように乗り越えさせますか？

そして、どんなハッピーエンドにしますか？

ついでに、ラブストーリーの相手役はどの俳優さんにお願いしましょうか？（笑）

あなたの人生のシナリオは、いまこの瞬間からすべてあなたが決められるのです。

日々「人生」というあなたが主人公の映画を撮影している、そう思いながら、失敗して「つらい」と感じる経験は、その瞬間にすぐにネタにして笑い飛ばしてしまいましょう。

そして、映画史上最もリアルで、最もハッピーな結末が、あなたを待ち受けている、そう自分の未来に期待して、ワクワクする夢や目標を一直線に追いかけていきましょう！

Point

あなたの人生という映画のシナリオは、すべてあなた次第

Epilogue ——

あれから14年……

24歳当時から、38歳を迎えたいまに至るまでのことを振り返ってみると、本当にいろいろなことがありました。

「私の人生、こんなもんじゃない！」と感じ、なんとか現実を変えたいと思ったあのころ、ドキドキしながら恩師に「学ばせてください！」とお願いした最初の一歩が、すべてのはじまりでした。

いま、当時描いていた「こうなりたい」という理想の状態はとうに達成し、母にはやりきったと言えるほどの親孝行ができ、子育てをしながら仕事をし、そして信頼できる最高の仲間に囲まれながら過ごしています。

気づけば、現実が理想を追い越してしまいました。

出会った当時の恩師が「手帳と携帯さえあればどこでも生きていける」と話していたように、私も、どんなことにチャレンジしても最終的にはうまくいく自信があります。

女手ひとつで育ててくれた母への親孝行も、存分にできています。足が悪い母のためにバリアフリーのタワーマンションをプレゼントしたり、毎月30万円ほど仕送りをしたり、大好きな温泉旅行に一緒に行ったりしています。

何よりも嬉しいことは、当時立てた目標を達成してもなお、さらに大きな目標に向かって日々挑戦し続けている人生そのものが、最高に面白くて最高に幸せなことです。

ちなみに、「プロローグ」に登場した友人たちの話を覚えているでしょうか。

メーカーの事務職で、専業主婦になって子どもを産む〝普通の幸せ〟が欲しいと思

っていたけれど、実現できるのか不安に感じていた友人のともみちゃん。

彼女は、23歳で私と出会い、経営者になることを決め、いまでは朝7時のオープンと同時に行列ができる飲食店をはじめとして、都内で複数の会議室・レンタルスペース運営などさまざまな事業を展開し、年収3000万円以上を稼ぐ敏腕経営者です。タワーマンションに住みながら子育てをし、地元の両親には毎月仕送りやプレゼントをしたり、お母さんと一緒に旅行に行ったりなど、大好きな家族と過ごす時間を大切にしています。

名門大学院卒で大手企業に勤め、仕事に邁進しながらも結婚・出産に不安を感じていたみほちゃんも、経営者としての道を歩んでいます。

地元密着のお店を経営し、そのほかにも複数のベンチャーを立ち上げるなど、さまざまな分野で実力を大いに発揮しています。

その結果、十分な経済的基盤ができたこともあり、2年前に結婚、出産しました。

旦那さんも経営者で、夫婦2人で子どもと過ごす時間を大切にしながら、それぞれのプライベートも充実させています。

多趣味で好きなことを仕事にしたい、でもピンとこない……と思っていたはるなちゃんも、私に学んできたひとり。

いまでは複数の事業をおこなう経営者に成長し、まもなく2歳になる子どもを育てながら、大好きなファッションや美容にも十分なお金をかけ、38歳という年齢を感じさせない美貌を保っています。

さらには、有名デザイナーに自宅兼オフィスをデザインしてもらい、彼女が好きなものに囲まれた空間で仕事を楽しんでいます。

経済的な基盤をつくったうえで、やりたかったという飲食店の経営にも実際に携わり、いまはさらにほかの分野にもどんどんチャレンジしています。

海外が大好きで、語学を活かして仕事がしたかったものの、具体的な行動はしてい

なかったゆかちゃん。

彼女も24歳から経営を学びはじめ、3年で独立し、その年に高級外車を納車しました。

いまでは、セレクトショップやおしゃれなカフェが立ち並ぶ街にお店を持ちながら、さらなる事業展開のために海外に足を運んだり、オファーがあれば講演をするなど、世界を飛び回りながら仕事をしています。

まずは日本国内で十分な基盤ができたからこそ、好きなことにも挑戦できるようになったといつも話しています。

自分のビジネスを立ち上げたいと思いながらも実行に移せていなかった、りえちゃんは、27歳から具体的に行動しはじめました。

いまでは、複数の事業を展開する多角経営者として活躍しており、手掛けた都内のレンタルスペースは雑誌の撮影にも使われています。

もともと体があまり強くなかった彼女は、健康的な食事や美容、またエクササイズにもお金と時間を使い、体調に気を配りながら仕事ができています。
また、子宝にも恵まれ、経済的に余裕ができたうえで子どもを育てることができる安心感を覚えているようです。

そして最後に、とくにやりたいこともなく、将来のことを考えていなかったゆみこちゃん。

私と出会ったことがきっかけで、まずは読書をはじめ、さまざまな人と会うことを通して、人生に向き合うようになりました。
将来何かあったときのために、会社や家族に依存しなくて済むように動き出しました。いまでは、私から学んでいる未来の経営者の一人です。

みんな、もともとの状況が普通の人よりもよかったかというと、そうではないと思います。

ただ、共通して言えることは、目の前の「チャンス」を掴み、現実を変えるために具体的な行動に移したことだと感じます。

現状がどうであれ大切なのは、いま、ここからどうなりたいのか。

「いつかやろう」の「いつか」は永遠に来ることはありません。
決断するのに最も早いタイミングは、明日でも来年でもなく、いま、この瞬間です。

目の前のチャンスを掴めるかどうかは、あなた次第です。

変化を恐れず、理想の未来に向けて、一緒に思いっきりチャレンジしてみませんか？　あなたにとって、この本が何か行動を起こすきっかけになれば幸いです。

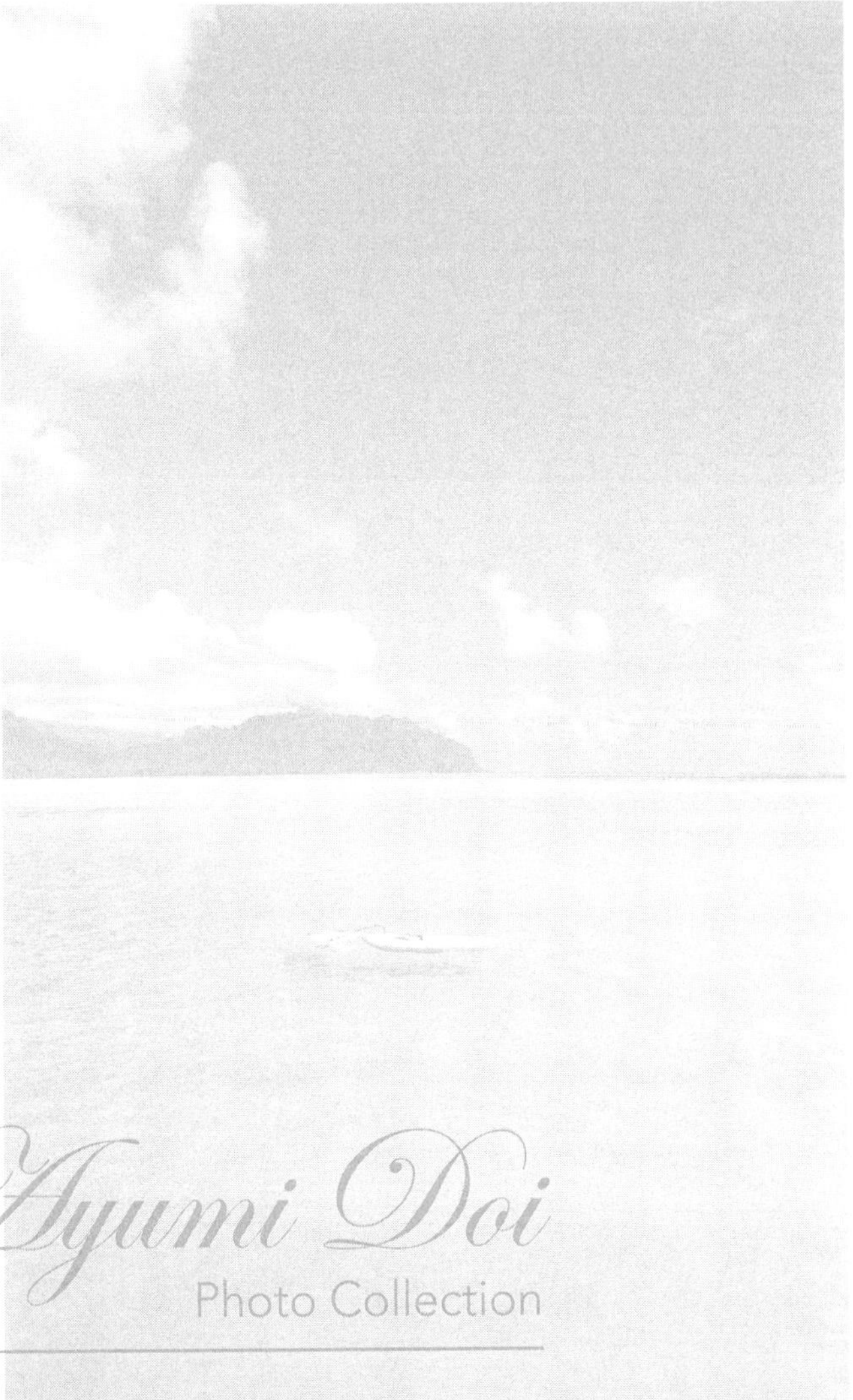
Ayumi Doi
Photo Collection

思い描いた理想を
すべて手に入れる生き方を
あなたにもイメージし
実践していただくために
私のライフスタイルを
ちょっと恥ずかしいですが
ご紹介しますね。

Ayumi Doi

Photo Collection

出版プロジェクトメンバーと石垣島へ。
海とプールが見えるホテルのベランダからの景色♪

Ayumi Doi
Photo Collection

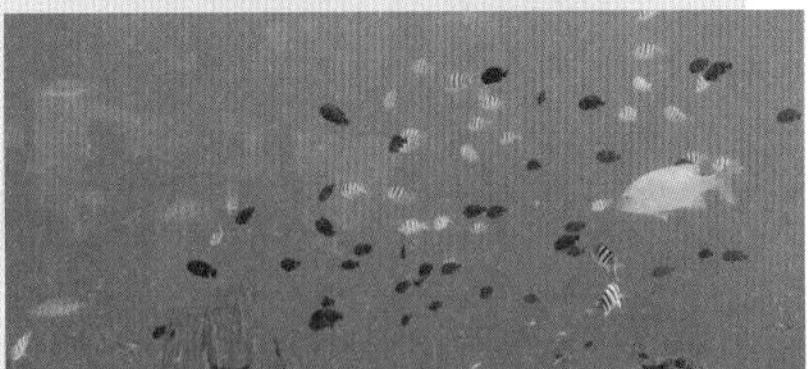

親孝行でパラオに行ったときに乗ったセスナ機からの景色。
海を見ながらビーチサイドでサンセットディナーをしたり、水中レストランにも♪

北海道・トマムにある星野リゾートでの一日♪

Ayumi Doi
Photo Collection

大好きなネイルはセンス抜群のプライベートサロンRing恵比寿で♪
Instagram:@ring_akiko

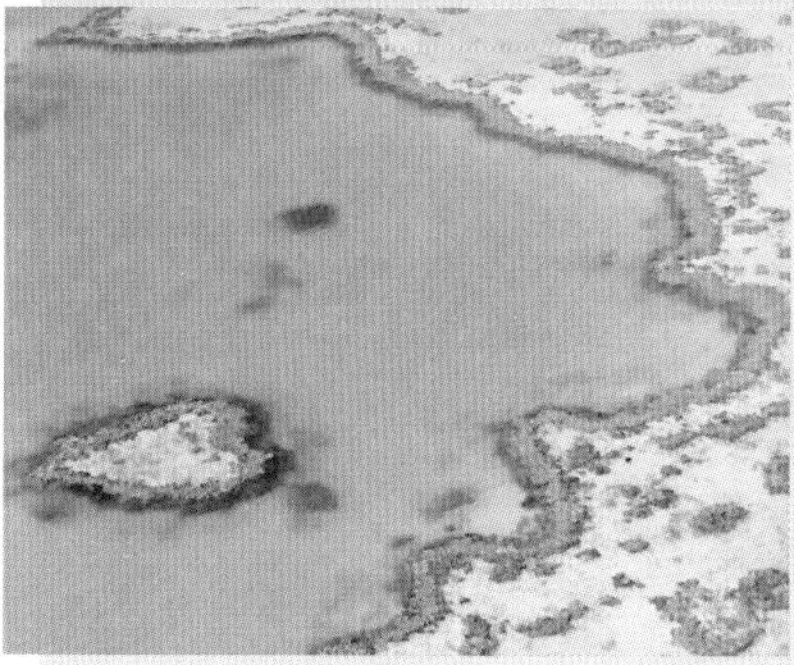

モルディブで無人島を貸し切って
BBQパーティーをした後は、薔薇
の花びらが浮かんだバスタブで
リラックスタイム♡

テレビドラマのロケ地にもなった、ヒルトン福岡のスイートルーム♪

世界のホテル巡りのひととき♪一流のおもてなしには、いつも感動します！

Ayumi Doi
Photo Collection

旅行に行くならベストシーズンで♪紅葉を見ながらの温泉は風情があります。

いままでみた景色の中でも、モルディブのサンセットビーチは格別♪
人生でこの景色を見ないなんてもったいない！

Ayumi Doi
Photo Collection

鞄とお財布をセットで買うのがお気に入り！
ジュエリーやファッション、ヘアメイクは専属のスタイリストにお任せ♪

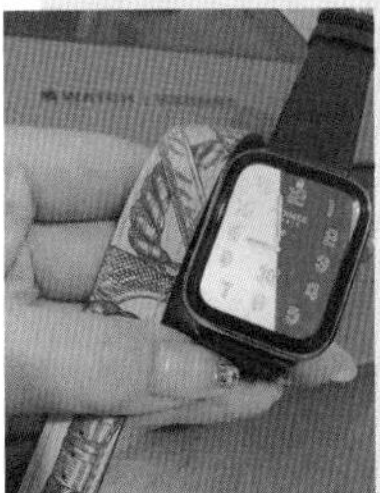

FRANCK MULLER
GENEVE

Ayumi Doi
Photo Collection

世界に一つだけのオーダーメイド
シューズを履いてお出かけ♡

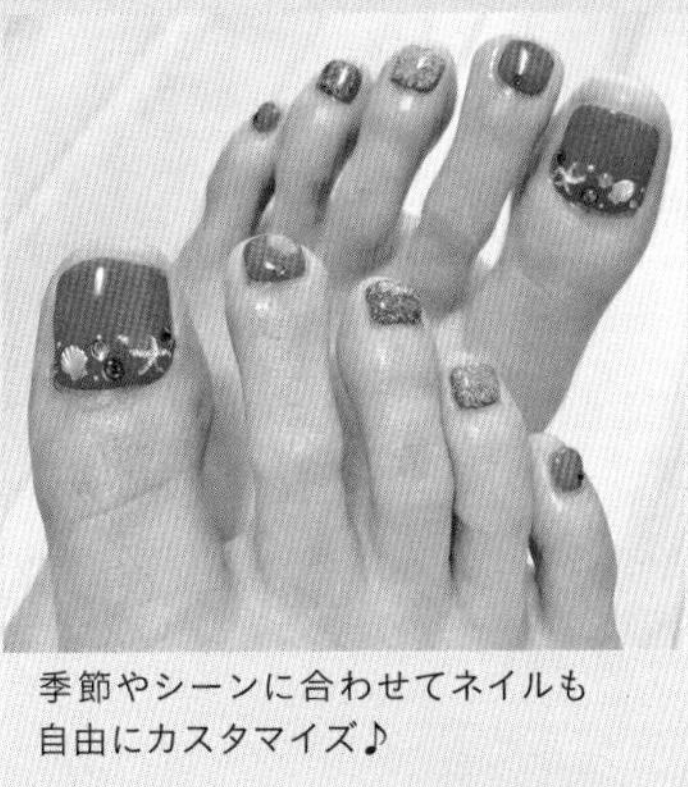

季節やシーンに合わせてネイルも
自由にカスタマイズ♪

Ayumi Doi
Photo Collection

母の誕生日のお祝いで行った有馬温泉。
雲海に見立てた綿菓子でつくるすき焼きのフルコース♪

食事も美と健康にこだわったものをセレクト！ヴィーガンスイーツが大好き♥

母からの手紙

あゆみへ

あなたが本を書くと聞いたときは、本当に驚きました。

我が娘が、本を書くほどのことをやってきたのかとびっくりする一方で、一生懸命に仕事をしてきた姿をずっと見てきて、実際たくさんの人のお役に立って、そこまでの成果になったのなら、本当によかったと思いました。

あと、私のことが書かれているところは恥ずかしいので、読み飛ばしてしまいました（笑）。

普段から一緒に過ごす時間もあるけれど、こんなふうに手紙として私の思いを伝える機会はあまり多くないので、この機会に、私が当時あなたを育てながら考えていたこともお伝えしたいと思います。

私は晩婚で、あなたを産んだころにはもう30代後半でした。

しかもその後、夫とは別々になってしまったので、親ひとり、子ひとりの家庭で大変な思いもたくさんさせたと思います。

私には学歴がなく、何か資格を取ろうにも高卒以上と言われる時代で、自営業くらいしかできることがなかったので、自分で喫茶店をしていました。

女性がひとりで子どもを育てながら働くのは、とても大変な時代でした。

でも、子どもを守るためには経済力が絶対に必要だったので、まさに「死に物狂い」という言葉がぴったりなくらい、朝から晩まで必死に働いていました。

だから、本を執筆するなかで「お母さんが命がけで働いて育ててくれていたことが自分の職業観にもつながっている」と言ってくれて、そのように受け止めてくれていたことを嬉しく思います。

正直、あなたが経営者になると言い出したときは、とても驚いたし、ショックを受けました。「せっかく大手の会社に入ったのに！」と思ったし、私は自営でやってきて本当に大変だった経験もあったから、なんとか自分の子どもにはそんな苦労をさせないように、と思ってきたからです。

昔、自分のお店でとっていた新聞に「東大生の親は、そこそこの水準の大学を出て、大手企業に勤めている。教育費にもこれくらいの金額をかけている」という記事を見ました。

そうした人たちの収入は私の倍くらいあって到底及ばないけれど、教育費だけは同じくらいかけることはできるかもと思い、家計を切り詰めて、興味のあることはすべてやらせてあげられるように、徹底的に教育にはお金をかけてきました。

その甲斐あって、無事に大学に進学し、大手の会社に入ることができたのに、それを辞めると言い出したときには、私は大反対しましたよね。

でも、あなたの人生なんだから、私の考えを押し付けるのもどうかな……と思っていました。

最終的には本人のしたいことをしたらいい、と思うけれど、子どもはなんでも「やりたい！」と言うもの（あなたは小さいときから本当にそうでした）。一応心配なので反対はしましたが、最終的に本気なのであれば応援するつもりでした。

私が反対した程度でやめるなら、本気じゃないのかなと。

でも、いまとなっては、これだけの結果を出して、これだけ素敵な仲間に囲まれて仕事をしている様子を実際に見て、本当に安心しました。

たくさん生活も支えてくれて、旅行にも連れて行ってくれて、それもとても親孝行な娘だなと思うけれど、一番は、いい生き方をしているなと安心させてくれたことが最高の親孝行です。

いまは、いつでも安心してあの世に行けるなと思えています。

私は、若いころに必死に働いて、いいことのタネはたくさん蒔いたのに、全然いいことなかったなと思っていましたが、あなたにたくさん返してもらったと思います。

中学校を卒業してすぐに働きだしたので、旅行や趣味を楽しむ時間はなく、いまやっと楽しめているのは、あなたのおかげです。

最低限自分の面倒を見られるだけのお金は用意していましたが、自分だけではこうはいかなかったでしょう。

あなたに言うことはもう何もないんだけれど、「勝って兜の緒を締めよ」で、より一層仕事でみなさんのお役に立つことと、健康には気をつけて過ごしてくださいね。

いつも本当にありがとう。

最後のメッセージ

本書をここまで読んでいただき、ありがとうございました。

出版に向けて、遅筆な私を支えてくれた小寺裕樹編集長をはじめとする、きずな出版の皆さま、協力してくれた方々には本当に感謝しています。

まさか私が本を書くことになるなんて、24歳で経営者になると決める前には、まったく想像していませんでした。

恩師に出会い、読書の大事さを実感するまでは、本を開くと目次で寝てしまうくらい苦手だったにもかかわらず、いまとなってはこんな形で本を書いているのだから、人生はわからないものですね。

とくに、この出版に携わってくれたプロジェクトメンバーには感謝しています。

一度書いたものが全部ひっくり返ることもあれば、早朝から深夜まで議論を重ねることもありました。みんなとの思い出をあげればキリがありませんが、いいものをつくるために努力を重ねてきて、それには当然、産みの苦しみもありました。

世の中の本を出されている方々は、本当にすごいなと思います。

この本ができあがるころには、みんなと一緒に出版記念旅行に行っている予定です。試行錯誤しながら、ひとつの作品を仲間と一緒につくりあげる経験は、非常に面白く貴重な時間でした。

出版するにあたり、人生の大先輩でもある著名な女性実業家で、本も出版されている方と対談させていただく機会がありました。

その方も、女性が自立することや人生の目的・目標を持つことの大切さ、理想に向けてチャレンジすることの大事さを仰っていました。

もしかしたら、この本の内容には真新しいことがなかったかもしれませんが、私が恩師に学び経験したことと、読書を通じて先人から学んできたことは、あらためて共通する点も多いなと感じます。

大事なことは、学んだことをただ「知っている」という知識で終わらせるのではなく、自ら実践して腑《ふ》に落としていくことです。

描いた理想をすべて手に入れる生き方をしてきたからこそ、今後もさらにいろいろな人のお役に立てるよう、チャレンジしていこうと思っています。

この本をきっかけに、ご自身の人生を豊かにするためにチャレンジして、近い将来、自叙伝など本を出される方がいたらとっても面白いですよね。

いい経験だけではなく、苦しい経験も本を書くときには最高のネタです。

自分の主演作品のネタづくりだと思って、思いっきりチャレンジして、たくさん経験を積めば、人生は最高に面白い作品になりますよ。

どこかで、あなたにお会いできるのを楽しみにしています。

２０２０年10月

土井あゆみ

主な参考文献・資料

※1　東京商工リサーチ　２０１８年「業歴30年以上の『老舗』企業倒産」調査（https://www.tsr-net.co.jp/news/analysis/20190131_04.html）

※2　フォーチュン「グローバル」（https://fortune.com/global500/）

※3　株式会社野村総合研究所「日本の労働人口の49％が人工知能やロボット等で代替可能に（https://www.nri.com/-/media/Corporate/jp/Files/PDF/news/newsrelease/cc/2015/151202_1.pdf）

※4　厚生労働省　平成30年「国民生活基礎調査の概況」

※5　厚生労働省「平成29年賃金構造基本統計調査　結果の概況」

※6　世界経済フォーラム（WEF）「世界ジェンダー・ギャップ報告書（Global Gender Gap Report）2020」

※7　厚生労働省「平成30年人口動態統計の年間指針」

※8　厚生労働省「ひとり親家庭の現状と支援施策の課題について」

※9　『LIFE SHIFT―１００年時代の人生戦略』リンダ・グラットン著（東洋経済新聞社）

※10　平成29年「東京の高齢者と介護保険データ集」（https://www.fukushihoken.metro.tokyo.lg.jp/kourei/shisaku/koureisyakeikaku/07keikaku3032/07sakutei/iinkai02.files/12.pdf）

※11　老人ホーム検索サイト　みんなの介護「【２０２０年最新版】老人ホームでかかる費用に関する全知識」（https://www.minnanokaigo.com/guide/cost/）

※12　財務省「財政制度分科会資料」より

※13　厚生労働省「毎月勤労統計調査」２０２０年６月（https://www.tdb.co.jp/tosan/covid19/index.html）

著者プロフィール

土井あゆみ　（どい・あゆみ）

株式会社GIVER代表取締役社長。大阪府豊中市出身。24歳で起業し、現在はベンチャー企業のスタートアップ支援をおこない、会社員当時の数十倍の収入に。より多くの若者が世の中で活躍することを願い、自身の経験を生かし、経営者の育成に尽力している。20〜30代をメインに、1000人規模の講演を月に2〜3回おこなうことも。

学生時代はバレーボール部で部活動に励みながら、高校時代にはニュージーランドに留学し、英語の習得に勤しむ。大学では中学・高等学校の教員免許を取得し、英語教諭になろうとしていたが、まずは社会を知るべく新卒で大手電機メーカーに入社。営業職で社長賞を獲るなど社内でも注目を集めていたが、社会人2年目で結婚と同時に自ら事業を興す。26歳で出産し、育児と経営を両立。

現在は夫と子どもと猫と暮らしつつ、東京・大阪・沖縄・ハワイなどを行き来しながら仕事をしている。趣味は美容・健康を追求すること、世界各地を旅行しながらグルメを堪能すること。

思い描いた理想をすべて手に入れる生き方

2020年11月1日　第1刷発行

著　者　　土井あゆみ

発行者　　櫻井秀勲
発行所　　きずな出版
東京都新宿区白銀町1-13　〒162-0816
電話03-3260-0391　振替00160-2-633551
https://www.kizuna-pub.jp/

ブックデザイン　池上幸一
印刷・製本　　モリモト印刷

ISBN978-4-86663-123-3

きずな出版